AF556413

# 1000

# रसायन विज्ञान प्रश्नोत्तरी

## ज्ञान का विश्वकोश : प्रश्नोत्तरी श्रृंखला

- 1000 स्वामी विवेकानंद प्रश्नोत्तरी
- 1000 गांधी प्रश्नोत्तरी
- 1000 कलाम प्रश्नोत्तरी
- 1000 जीव-जंतु प्रश्नोत्तरी
- 1000 भूगोल प्रश्नोत्तरी
- 1000 इतिहास प्रश्नोत्तरी
- 1000 स्वाधीनता संग्राम प्रश्नोत्तरी
- 1000 हिंदी साहित्य प्रश्नोत्तरी
- 1000 खेलकूद प्रश्नोत्तरी
- 1000 गणित प्रश्नोत्तरी
- 1000 भौतिक विज्ञान प्रश्नोत्तरी
- 1000 रसायन विज्ञान प्रश्नोत्तरी
- 1000 पर्यावरण प्रश्नोत्तरी
- 1000 खगोल विज्ञान प्रश्नोत्तरी
- 1000 विज्ञान प्रश्नोत्तरी
- 1000 महापुरुष प्रश्नोत्तरी
- 1000 भारतीय संस्कृति प्रश्नोत्तरी
- 1000 रामायण प्रश्नोत्तरी
- 1000 महाभारत प्रश्नोत्तरी
- 1000 फिल्म प्रश्नोत्तरी
- 1000 राजनीति प्रश्नोत्तरी
- 1000 हिंदू धर्म प्रश्नोत्तरी
- 1000 संविधान प्रश्नोत्तरी
- 1000 संगीत प्रश्नोत्तरी
- 1000 समाजशास्त्र प्रश्नोत्तरी
- 1000 भारत ज्ञान प्रश्नोत्तरी
- 1000 हिंदी वस्तुनिष्ठ प्रश्नोत्तरी
- 1000 कंप्यूटर-इंटरनेट प्रश्नोत्तरी
- 1000 वास्तुशास्त्र प्रश्नोत्तरी
- 1000 सामान्य ज्ञान प्रश्नोत्तरी
- 1000 अर्थशास्त्र प्रश्नोत्तरी
- 1000 पत्रकारिता एवं जनसंचार प्रश्नोत्तरी
- सचिन तेंदुलकर प्रश्नोत्तरी
- अंतरिक्ष प्रश्नोत्तरी
- डायबिटीज प्रश्नोत्तरी
- स्वास्थ्य प्रश्नोत्तरी
- 1000 दिल्ली प्रश्नोत्तरी
- 1000 उत्तराखंड प्रश्नोत्तरी
- 1000 मध्य प्रदेश प्रश्नोत्तरी
- 1000 बिहार प्रश्नोत्तरी
- 1000 झारखंड प्रश्नोत्तरी
- 1000 उत्तर प्रदेश प्रश्नोत्तरी

# 1000 रसायन विज्ञान प्रश्नोत्तरी

सीताराम सिंह

सत्साहित्य प्रकाशन, दिल्ली

प्रकाशक : सत्साहित्य प्रकाशन, 205–बी चावड़ी बाजार, दिल्ली–110006
 / संस्करण : 2016 / मूल्य : दो सौ पचास रुपए
मुद्रक : नरुला प्रिंटर्स, दिल्ली ISBN 978-81-7721-175-7

**1000 RASAYAN VIGYAN PRASHNOTTARI**

*by* Sitaram Singh ₹ 250.00

Published by Satsahitya Prakashan, 205-B Chawri Bazar, Delhi-110006

मेरे पूज्य माता-पिता
श्रीमती बिंदेश्वरी देवी एवं श्री विश्वनाथ सिंह
तथा
स्व. दादाजी श्री जगन्नाथ सिंह को
जिनकी स्नेह छाया में तमाम झंझावतों के बीच
जीवन का वट वृक्ष निरंतर बढ़ता ही चला गया!

# प्रस्तावना

सच पूछिए तो पाषाण युग से आधुनिक युग के विकास में विज्ञान एवं तकनीक का बहुत बड़ा योगदान रहा है। जिस समय मनुष्य के मन में किसी घटना या प्रक्रिया को जानने समझने की जिज्ञासा उत्पन्न हुई होगी, संभवत: उसी क्षण से विज्ञान का प्रादुर्भाव हुआ होगा। विज्ञान ने भौतिक विकास के साथ ही प्रकृति एवं ब्रह्मांड को समझने की दिशा में भी नए द्वार खोले हैं।

निस्संदेह रसायन विज्ञान का इतिहास बहुत पुराना है। रसायन व धातुशास्त्र (मेटलर्जी) के क्षेत्र में भारत में तीन हजार वर्ष पूर्व से मिश्र धातु बनाने का कार्य बताया गया है। चौथी शताब्दी में निर्मित महरौली स्थित दिल्ली का लौह-स्तंभ धातु विज्ञान के इतिहास का जीता जागता नमूना है। सबसे अहम बात यह है कि इसमें अभी तक जंग नहीं लगा है। कहते हैं ईसा के 2000 वर्ष पूर्व मूर्तियाँ शिलालेख आदि में ताँबा काँसा इत्यादि धातुओं का उपयोग किया जाता था। 18वीं सदी में भारत में 2000 भट्टियाँ थीं जिनमें उच्च गुणवत्ता का लोहा बनाया जाता था। इसी प्रकार 1700 ई. में नागार्जुन द्वारा रचित 'रस रत्नाकर' में धातु परिपरकरण, आसवन निष्कर्षण के साथ पारे के विविध प्रयोगों का वर्णन मिलता है। महर्षि कणाद, नागार्जुन आदि महान् भारतीय रसायन विज्ञानी थे।

वस्तुत: रसायन विज्ञान प्रकृति, पर्यावरण और जीवन से अभिन्न रूप से जुड़ा हुआ है। और तो और पृथ्वी पर जीवन का प्रादुर्भाव भी जटिल रासायनिक प्रतिक्रियाओं का ही परिणाम है। गरज यह कि जीवन की प्रत्येक गतिविधि में रासायनिक क्रिया-प्रतिक्रिया छिपी है। रासायनिक प्रतिक्रियाओं के बिना जीवन संभव नहीं है। प्रस्तुत पुस्तक में रसायन विज्ञान के महत्त्वपूर्ण अध्यायों से जुड़े वस्तुनिष्ठ प्रश्नों का समावेश किया गया है। स्कूल के छात्र-छात्राओं, प्रतियोगी परीक्षाओं की तैयारी कर रहे विद्यार्थियों एवं सामान्य वर्ग के पाठकों के लिए यह पुस्तक अत्यंत उपयोगी साबित होगी, ऐसा मेरा विश्वास है।

पुस्तक लेखन में मेरी धर्मपत्नी श्रीमती मुन्नी कुमारी, पुत्र—अभिषेक एवं ऋषभ आनंद तथा अभिन्न मित्र डॉ. अशोक कुमार झा का उनके सहयोग के लिए हृदय से आभारी हूँ।

**—सीताराम सिंह**

# अनुक्रम

**1**

# रसायन विज्ञान : एक परिचय

## (CHEMISTRY : AN INTRODUCTION)

1. प्राचीन अणुविज्ञानियों में किसका नाम अग्रणी है ?
   (क) नागार्जुन (ख) ब्रह्मगुप्त
   (ग) महर्षि कणाद (घ) वराहमिहिर
2. किस प्राचीन भारतीय रसायनविज्ञानी को, भारत में, धातुवाद या किमियागरी का प्रवर्तक माना जाता है ?
   (क) महर्षि कणाद (ख) वराहमिहिर
   (ग) ब्रह्मगुप्त (घ) नागार्जुन
3. प्राचीन भारत के किस वैज्ञानिक ने '**वैशेषिक सूत्र**' नामक ग्रंथ की रचना की है ?
   (क) श्रीनिवास रामानुजम (ख) महर्षि कणाद
   (ग) ब्रह्मगुप्त (घ) इनमें से कोई नहीं
4. प्राचीन भारत के किस महान् वैज्ञानिक को परमाणुवाद का प्रथम प्रवक्ता या व्याख्याकार कहा जाता है ?
   (क) जगदीश चंद्र बसु (ख) आर्य भट्ट
   (ग) महर्षि कणाद (घ) वराहमिहिर
5. किस तिथि को भारतवर्ष में 'विज्ञान दिवस' के रूप में मनाया जाता है ?
   (क) 27 जनवरी (ख) 28 फरवरी
   (ग) 29 मार्च (घ) 30 अप्रैल
6. भाभा परमाणु अनुसंधान केंद्र (Bhabha Atomic Research Centre) स्थित है ?
   (क) मुंबई में (ख) कोलकाता में
   (ग) चेन्नई में (घ) हैदराबाद में

**उत्तर के लिए कृपया पृष्ठ सं. 147 देखें।**

7. महरौली स्थित दिल्ली का लौह–स्तंभ धातु विज्ञान के इतिहास का जीता–जागता उदाहरण है। इसकी सबसे बड़ी विशेषता है?
   (क) इसकी कुल ऊँचाई 8.3 मीटर है
   (ख) इसके निचले सिरे का व्यास 48 से.मी. है
   (ग) इसके ऊपरी सिरे का व्यास 29 से.मी. है
   (घ) अभी तक इसको जंग नहीं लगा है
8. 1700 ई. में नागार्जुन द्वारा रचित किस ग्रंथ में धातु परिष्करण, आसवन, निष्कर्षण के साथ पारे के विविध प्रयोगों का वर्णन मिलता है?
   (क) रस रत्नाकर (ख) बल रत्नाकर
   (ग) चूड़ामणि (घ) इनमें से कोई नहीं
9. रसायन व धातुशास्त्र के क्षेत्र में भारत में लगभग कितने वर्ष पूर्व से मिश्रधातु बनाने का कार्य होता बताया गया है?
   (क) लगभग 2000 वर्ष पूर्व से
   (ख) लगभग 3000 वर्ष पूर्व से
   (ग) लगभग 4000 वर्ष पूर्व से
   (घ) लगभग 5000 वर्ष पूर्व से
10. शुद्ध जल के कहीं से भी लिये गए नमूने में हाइड्रोजन और ऑक्सीजन के द्रव्यमान किस अनुपात में होते हैं?
   (क) 1 : 4 (ख) 1 : 6
   (ग) 1 : 8 (घ) 1 : 10
11. अब तक ज्ञात तत्त्वों (known elements) में से कितने तत्त्व प्रकृति में पाए जाते हैं?
   (क) 80 (ख) 85
   (ग) 90 (घ) 92
12. दो या दो से अधिक द्रव्यों (ठोस, द्रव या गैस) का समांगी मिश्रण क्या कहलाता है?
   (क) विलयन (ख) विलेय
   (ग) विलायक (घ) इनमें से कोई नहीं
13. दो या दो से अधिक तत्त्वों के द्रव्यमान के एक निश्चित अनुपात में रासायनिक संयोग से बने पदार्थ को क्या कहते हैं?
   (क) तत्त्व (ख) मिश्रण
   (ग) यौगिक (घ) विलयन

**उत्तर के लिए कृपया पृष्ठ सं. 147 देखें।**

14. दो या दो से अधिक तत्त्वों या पदार्थों के किसी भी अनुपात में मिलने से बने पदार्थों को कहते हैं?

(क) मिश्रण (ख) यौगिक
(ग) विलेय (घ) विलयन

15. शर्बत में जल होता है?

(क) विलेय (ख) विलायक
(ग) मिश्रण (घ) यौगिक

16. जब कोई ठोस पदार्थ किसी द्रव में परिक्षिप्त होकर कोलॉइडी विलयन (Colloidal Solution) बनाता है, तो वह क्या कहलाता है?

(क) जेल (gel) (ख) सॉल
(ग) पायस (घ) इनमें से कोई नहीं

17. जल ($H_2O$) कितने तत्त्वों से मिलकर बना है?

(क) 2 (ख) 4
(ग) 6 (घ) 3

18. इनमें से पायस (Emulsion) का उदाहरण है?

(क) कोहरा, बादल, कुहासा (ख) फोम, रबड़, स्पंज
(ग) दूध, फेसक्रीम
(घ) मैगनेशिया-मिल्क, कीचड़

19. जब कोई द्रव किसी ठोस में परिक्षिप्त होकर कोलॉइडी विलयन बनाता है, तब इसे क्या कहते हैं?

(क) पायस (ख) सॉल
(ग) वास्तविक विलयन (घ) जैल

20. जब एक द्रव दूसरे अमिश्रणीय द्रव में परिक्षिप्त कोलॉइडी विलयन बनाता है, तब इसे क्या कहते हैं?

(क) जेल (gel) (ख) सोल
(ग) पायस (घ) इनमें से कोई नहीं

21. NaCl के क्रिस्टल में किस प्रकार का बिंदु दोष (Point Defect) पाया जाता है?

(क) फ्रेंकेल दोष (ख) शॉट्की दोष
(ग) रैखिक दोष (घ) अशुद्धि दोष

उत्तर के लिए कृपया पृष्ठ सं. 147 देखें।

22. हीरा है एक ?
(क) ठोस, जिसमें हाइड्रोजन बंध है (ख) आयनिक ठोस
(ग) सह-संयोजक ठोस (घ) काँच

23. एक माचिस की डिब्बी दरशाती है ?
(क) घनीय ज्यामिति (ख) एकनताक्ष ज्यामिति
(ग) विषमलंबाक्ष ज्यामिति (घ) चतुष्फलकीय ज्यामिति

24. सोडियम क्लोराइड की एकक कोशिका (Unit cell) में कितने अणु होते हैं ?
(क) 2 (ख) 4
(ग) 6 (घ) 8

25. निम्न में से विद्युत् का सबसे अच्छा चालक है ?
(क) हीरा (ख) ग्रेफाइट
(ग) सिलिकॉन (घ) कार्बन (अक्रिस्टलीय)

26. निम्न में से कैलोरी किसके बराबर है ?
(क) 0.4184 जूल (ख) 4.184 जूल
(ग) 41.84 जूल (घ) 418.4 जूल

27. जब बुझे चूने पर जल डाला जाता है, तो क्या अभिक्रिया होती है ?
(क) उष्माक्षेपी (ख) उष्माशेषी
(ग) विस्फोटक (घ) इनमें से कोई नहीं

28. जब एक द्रव ठोस में परिवर्तित होता है तो एंट्रॉपी ?
(क) शून्य हो जाती है (ख) समान रहती है
(ग) घटती है (घ) बढ़ती है

29. पौधे स्टार्च का निर्माण किससे करते हैं ?
(क) फ्लैश फोटोलिसिस से (ख) फोटोलिसिस से
(ग) प्रकाश संश्लेषण से (घ) इनमें से कोई नहीं

30. अणुओं के अभिक्रिया में भाग लेने हेतु न्यूनतम आवश्यक ऊर्जा क्या कहलाती है ?
(क) स्थितिज ऊर्जा (ख) गतिज ऊर्जा
(ग) नाभिकीय ऊर्जा (घ) सक्रियण ऊर्जा

उत्तर के लिए कृपया पृष्ठ सं. 147 देखें।

31. ($2H_2O_2 \rightarrow 2H_2O+O_2$) अभिक्रिया है?
(क) शून्य कोटि अभिक्रिया (ख) प्रथम कोटि अभिक्रिया
(ग) द्वितीय कोटि अभिक्रिया (घ) तृतीय कोटि अभिक्रिया

32. ${}^{14}_{6}C$ का अर्द्ध-आयुकाल (Half life period) है?
(क) 509 वर्ष (ख) 6099 वर्ष
(ग) 5760 वर्ष (घ) 5700 वर्ष

33. आइंस्टीन समीकरण है?
(क) $E = mc^2$ (ख) $E = mn^3$
(ग) $E = lc^2$ (घ) $E = mc^3$

34. रेडियोधर्मी विकिरणों (Radioactive radiations) का अध्ययन किसने किया था?
(क) चार्ल्स डारविन (ख) लामार्क
(ग) रदरफोर्ड (घ) प्रिस्टले

35. मक्खन एक कोलॉइड है। यह बनता है जब?
(क) वसा ठोस केसीन में वितरित होती है
(ख) वसा के अणु जल में वितरित रहते हैं
(ग) जल वसा में वितरित रहता है
(घ) केसीन जल में निलंबित रहता है

36. निम्न में कौन सा पायस नहीं है?
(क) मक्खन (ख) आइसक्रीम
(ग) दूध (घ) बादल

37. 'जल गैस' से मेथनॉल बनाने में उपयोग किया जानेवाला उत्प्रेरक है?
(क) $V_2O_5$ (ख) Ni + Mo
(ग) $ZnO + Cr_2O_3$ (घ) Pt + W

38. ग्रिगनार्ड अभिकर्मक है एक?
(क) कार्ब-धात्त्विक यौगिक (ख) उप-सहसंयोजक यौगिक
(ग) द्विक-लवण (घ) उपर्युक्त में से कोई नहीं

39. जिग्लर नाटा (Zeigler natta) उत्प्रेरक का प्रयोग किसमें होता है?
(क) हाइड्रोजनीकरण में (ख) बहुलीकरण में
(ग) हैलोजनीकरण में (घ) संघनन में

उत्तर के लिए कृपया पृष्ठ सं. 147 देखें।

40. वह यौगिक, जो निश्चेतक के रूप में प्रयुक्त होता है, उसे क्या कहते हैं ?
(क) एथिल ऐसीटेट (ख) एथिल अल्कोहल
(ग) ईथर (घ) कार्बन टेट्राक्लोराइड

41. निम्नलिखित में सबसे अधिक अम्लीय कौन है ?
(क) फॉर्मिक अम्ल (ख) क्लोरोऐसीटिक अम्ल
(ग) प्रोपिऑनिक अम्ल (घ) ऐसीटिक अम्ल

42. पायरुविक अम्ल (Pyruvic acid) का रासायनिक सूत्र क्या है ?
(क) $HO\ CH_2\ COOH$ (ख) $CH_3\ CO\ COOH$
(ग) $CH_3\ COH_2C\ COOH$ (घ) $CH_3\ COCH_3$

43. कौन सा यौगिक ऑयल ऑफ विंटरग्रीन के नाम से जाना जाता है ?
(क) फेनिल बेंजोएट (ख) फेनिल सैलिसिलेट
(ग) फेनिल ऐसीटेट (घ) मेथिल सैलिसिलेट

44. निम्नलिखित में से कौन सर्वाधिक क्षारीय है ?
(क) $C_6\ H_5\ NH_2$ (ख) $(CH_3)_2\ NH$
(ग) $(CH_3)_3\ N$ (घ) $NH_3$

45. निम्नलिखित में विस्फोटक कौन है ?
(क) नाइट्रोबेंजीन (ख) नाइट्रोफिनॉल
(ग) नाइट्रोमीथेन (घ) ट्राइनाइट्रोबेंजीन

46. सन् 1984 में भोपाल त्रासदी में रिसनेवाली गैस थी ?
(क) $CH_3 — N = C = O$ (ख) $CH_3 — C — N = S$
(ग) $CHCl_3$ (घ) $C_6\ H_5\ COCl$

47. मीथेन अणु की आकृति होती है ?
(क) चतुष्टफलकिय (Letrahedral)
(ख) अष्टफलकिय (Octahedral)
(ग) सीधी (Linear)
(घ) त्रिभुज (Trigonalplanar)

48. मार्श गैस में मुख्यत: होता है ?
(क) $C_2H_2$ (ख) $CH_4$
(ग) $H_2S$ (घ) CO

49. जब पेट्रोलियम को गरम किया जाता है तो निकलनेवाली वाष्पों में किसकी मात्रा अधिक होती है ?

उत्तर के लिए कृपया पृष्ठ सं. 147 व 148 देखें।

(क) केरोसिन (ख) पेट्रोलियम ईथर
(ग) डीजल (घ) मशीनी तेल

50. DDT के अणुसूत्र में ?
(क) 5 क्लोरीन परमाणु हैं (ख) 4 क्लोरीन परमाणु हैं
(ग) 3 क्लोरीन परमाणु हैं (घ) 2 क्लोरीन परमाणु हैं

51. विस्फोटक पदार्थ बनाने में किसका प्रयोग किया जाता है ?
(क) मेथेनॉल (ख) ऑक्सैलिक अम्ल
(ग) ग्लिसराल (घ) यूरिया

52. फिनॉल (Phenol) होता है ?
(क) अम्लीय (ख) क्षारीय
(ग) उदासीन (घ) कुछ नहीं

53. टेरीलिन के निर्माण में उपयोग किया जानेवाला यौगिक है ?
(क) एथिलीन (ख) विनाइल क्लोराइड
(ग) एथिलीन ग्लाइकॉल (घ) एडिपिक अम्ल

54. कार्बोलिक अम्ल है ?
(क) फिनॉल (ख) फेनिल बेंजोएट
(ग) फेनिल ऐसीटेट (घ) एसीटिक अम्ल

55. ऐस्पिरिन औषधि के निर्माण में प्रारंभिक यौगिक लेते हैं ?
(क) फिनॉल (ख) एथिल एल्कोहल
(ग) पिकरिक अम्ल (घ) क्लोरोफॉर्म

56. वह कार्बोहाइड्रेट, जिसे मनुष्य का पाचन-तंत्र नहीं पचा सकता ?
(क) शक्कर (ख) स्टार्च
(ग) लैक्टोज (घ) सेल्यूलोज

57. एक हाइड्रोकार्बन का, जिसमें 80 प्रतिशत कार्बन तथा 20 प्रतिशत हाइड्रोजन है, मूलानुपाती सूत्र है ?
(क) $CH$ (ख) $CH_2$
(ग) $CH_3$ (घ) $CH_4$

58. इंजन में अस्फोटी ध्वनि उत्पन्न होती है, जब ईंधन ?
(क) धीरे जलता है
(ख) तेजी से जलता है

उत्तर के लिए कृपया पृष्ठ सं. 148 देखें।

(ग) पानी होता है

(घ) मशीन तेल मिश्रित होता है

59. पेट्रोलियम मुख्यतः इनका मिश्रण है ?

(क) ऐल्केन (ख) साइक्लोहेक्सेन

(ग) बेंजानायड हाइड्रोकार्बन (घ) ऐल्कीन

60. केरोसिन तेल इनमें से किसका मिश्रण है ?

(क) ऐल्केन (ख) एरोमैटिक यौगिक

(ग) ऐल्कोहॉल (घ) एलिफैटिक अम्ल

61. प्राकृतिक गैस में मुख्य रूप से होती है ?

(क) मीथेन (ख) n-ब्यूटेन

(ग) n-ऑक्टेन (घ) ऑक्टेन का मिश्रण

62. टेफ्लॉन (Teflon) किसका बहुलक (Polymer) है ?

(क) विनाइल क्लोराइड (ख) एथिलीन

(ग) ऐसीटिलीन (घ) टेट्राफ्लुओरोएथीन

63. क्लोरोफार्म को सूर्य के प्रकाश व हवा में खुला छोड़ देने पर क्या होता है ?

(क) विस्फोट होता है

(ख) विषैली फॉस्जीन गैस बनती है

(ग) बहुलीकरण होता है

(घ) कुछ नहीं होता

64. अग्निशामक पायरीन में होता है ?

(क) $CO_2$ (ख) $CCl_4$

(ग) $CS_2$ (घ) $CHCl_3$

65. निम्नलिखित में कौन सा यौगिक फ्रीऑन है ?

(क) $CCl_2F_2$ (ख) $CHCl_3$

(ग) $CH_2F_2$ (घ) $CF_4$

66. फॉस्जीन का रासायनिक नाम क्या है ?

(क) फॉस्फोरिल क्लोराइड (ख) कार्बोनिल क्लोराइड

(ग) कार्बन टेट्राक्लोराइड (घ) $CO_2$ और $PH_3$

67. अग्निशामक के रूप में प्रयुक्त होता है ?

उत्तर के लिए कृपया पृष्ठ सं. 148 देखें।

(क) $CHCl_3$ (ख) $C_2H_5Cl$

(ग) $CCl_4$ (घ) कोई नहीं

68. D.D.T. बनाने में निम्न में से क्या प्रयुक्त होता है ?

(क) बेंजिल क्लोराइड (ख) बेंजल क्लोराइड

(ग) बेंजो ट्राइक्लोराइड (घ) इनमें से कोई नहीं

69. निम्न में कौन सा यौगिक जल में विलेय है ?

(क) $CS_2$ (ख) $C_2H_5OH$

(ग) $CCl_4$ (घ) $CHCl_3$

70. फिनॉल क्या कहलाता है ?

(क) बेंजोइल ऐल्कोहल (ख) सैलिसिलिक अम्ल

(ग) पिक्रिक अम्ल (घ) इनमें से कोई नहीं

□

उत्तर के लिए कृपया पृष्ठ सं. 148 देखें।

**2**

# परमाणु संरचना और रासायनिक आबंधन

# (ATOMIC STRUCTURE AND CHEMICAL BONDING)

71. इनमें किसकी संरचना पिरामिडीय है ?

(क) जल (ख) एथेनॉल

(ग) ऐसीटिलीन (घ) ट्राइमेथिलऐमीन

72. निम्नलिखित में कौन सी स्पीसीज का बंध–क्रम (Bond order) सर्वाधिक है ?

(क) $O_2$ (ख) $O_2+$

(ग) $O_2^-$ (घ) $O_2^{2-}$

73. एथाइन में होते हैं ?

(क) तीन $\sigma$ बंध तथा 2 $\pi$ बंध (ख) पाँच $\sigma$ बंध तथा 1 $\pi$ बंध

(ग) तीन $\sigma$ बंध 1 $\pi$ बंध (घ) दो $\sigma$ बंध तथा 2 $\pi$ बंध

74. (dxy) कक्षक में एक इलेक्ट्रॉन के पाए जाने की अधिकतम संभाविता क्या होती है ?

(क) X- अक्ष के परित: (ख) Y- अक्ष के परित:

(ग) X- तथा Y- अक्ष के परित:

(घ) X- तथा Y- अक्ष से $45^\circ$ के कोण पर

75. जल अणु में आबंध कोण (Bond angle) कितने अंश का होता है ?

(क) $120^\circ$ (ख) $60^\circ$

(ग) $90^\circ$ (घ) $105^\circ$

उत्तर के लिए कृपया पृष्ठ सं. 148 देखें।

76. नाइट्रोजन अणु के नाइट्रोजन परमाणुओं के मध्य उपस्थित त्रिबंध (Triple Bond) में होते हैं ?

(क) तीन $\sigma$ आबंध

(ख) दो $\sigma$ तथा एक $\pi$ आबंध

(ग) एक $\sigma$ आबंध तथा दो $\pi$ आबंध

(घ) तीन $\pi$ आबंध

77. आण्विक कक्षक सिद्धांत (Molecular Orbital Theory) के अनुसार किस अणु का अस्तित्व नहीं है ?

(क) $H_2$ (ख) $He_2+$

(ग) $He_2$ (घ) $Li_2$

78. निम्नलिखित में कक्षक (Orbital) का आकार किसके द्वारा दरशाया जाता है ?

(क) मुख्य क्वांटम संख्या (ख) दिगंशी क्वांटम संख्या

(ग) चुंबकीय क्वांटम संख्या (घ) चक्रण क्वांटम संख्या

79. दो परमाणुओं में सहसंयोजक बंध (Covalent Bond) निम्नलिखित में किसके द्वारा बनता है ?

(क) इलेक्ट्रॉन नाभिक आकर्षण (ख) इलेक्ट्रॉन साझेदारी

(ग) इलेक्ट्रॉन स्थानांतरण (घ) स्थिर वैद्युत् आकर्षण

80. संकरण (Hybridization) में होता है ?

(क) एक इलेक्ट्रॉन युग्म का योग

(ख) परमाण्वीय कक्षकों का मिश्रण

(ग) एक इलेक्ट्रॉन युग्म का अपनयन

(घ) कक्षकों का पृथक्करण

81. जल के अणु में परमाणु किस बंध द्वारा जुड़े रहते हैं ?

(क) वैद्युत् संयोजक बंध (ख) सहसंयोजी बंध

(ग) उप-सहसंयोजी बंध (घ) विषम इलेक्ट्रॉन बंध

82. जल के अणु में ऑक्सीजन परमाणु पर कितने एकाकी इलेक्ट्रॉन युग्म (Lone pairs) होते हैं ?

(क) 0 (ख) 1

(ग) 2 (घ) 3

उत्तर के लिए कृपया पृष्ठ सं. 148 देखें।

83. संयोजकता कोश इलेक्ट्रॉन युग्म प्रतिकर्षण सिद्धांत के अनुसार उस अणु की संभावित आकृति, जिसके केंद्रीय परमाणु के बाह्य कोश में 4 बंधी इलेक्ट्रॉन युग्म हों, निम्नलिखित में से होगी ?

(क) रैखिक (ख) समचतुष्फलकीय

(ग) षट्कोणीय (घ) अष्टफलकीय

84. आधे भरे हुए (Half Filled) 3P(3Pz) कक्षकों का अतिव्यापन निम्नलिखित में से किस अणु में उपस्थित है ?

(क) हाइड्रोजन (ख) हाइड्रोजन ब्रोमाइड

(ग) हाइड्रोजन क्लोराइड (घ) क्लोरीन

85. यदि दिगंशी क्वांटम संख्या (Azimuthal Quantum Number) का मान $\ell = O$ हो तो कक्षक का आकार होगा ?

(क) आयताकार (ख) गोलीय

(ग) डंबेल (घ) असममित

86. रासायनिक बंध (Chemical Bond) के निर्माण के साथ होती है ?

(क) ऊर्जा में कमी

(ख) ऊर्जा में बढ़ोतरी

(ग) ऊर्जा में न कमी, न बढ़ोतरी

(घ) इनमें से कोई नहीं

87. $Sp^2$ संकरित कक्षकों का उपयोग हुआ है ?

(क) $BCl_3$ (ख) $CH_4$

(ग) $NH_3$ (घ) $Be F_2$

88. दो सहसंयोजी बंधों (Co-valent Bonds) के बीच का कोण किसमें महत्तम है ?

(क) $CH_4$ में (ख) $H_2O$ में

(ग) $CO_2$ में (घ) $SO_2$ में

89. निम्न में से कौन अणुचुम्बकत्व गुण प्रदर्शित करता है ?

(क) $O_2$ (ख) $N_2$

(ग) $Cl_2$ (घ) $H_2$

90. निम्नलिखित में किसमें बंध कोण (Bond angle) अधिकतम है ?

(क) $sp^3$ संकरण (ख) $sp^2$ संकरण

(ग) $sp^3d$ संकरण (घ) $sp$ संकरण

उत्तर के लिए कृपया पृष्ठ सं. 148 देखें।

91. $CO_2$ अणु में कार्बन में किस प्रकार का संकरण है?
(क) $sp$ (ख) $sp^2$
(ग) $sp^3$ (घ) इनमें से कोई नहीं

92. यदि बंध कोण 120° हो तो अणु की संरचना कैसी होगी?
(क) रैखिक (ख) त्रिकोणीय
(ग) वर्गाकार (घ) चतुष्फलकीय

93. $SO_2$ में किस प्रकार का संकरण है?
(क) $Sp^3d^2$ (ख) $Sp^2$
(ग) $Sp^3$ (घ) इनमें से कोई नहीं

94. $IF_7$ में किस प्रकार का संकरण है?
(क) $Sp^3d^3$ (ख) $Sp^3d$
(ग) $Sp^3$ (घ) $Sp^2$

95. $CCl_4$ में किस प्रकार का संकरण (Hybridization) है?
(क) $sp^2$ (ख) $sp$
(ग) $sp^3$ (घ) $sp^2d^2$

96. निम्नलिखित युग्मों (Pairs) में से किसमें दोनों अणुओं का आबंध क्रम समान है?
(क) $N_2, O_2^{2+}$ (ख) $N_2, O_2^-$
(ग) $N_2^-, O_2$ (घ) $O_2^+, N_2$

97. निम्नलिखित में से कौन सा चतुष्फलकीय नहीं होता?
(क) $SCl_4$ (ख) $SO_4^{-2}$
(ग) $Ni(CO)_4$ (घ) $NiCl_4^{-2}$

98. $PCl_5$ में P संकरित है?
(क) $Sp^3d$ (ख) $dSp^2$
(ग) $Sp^3d^2$ (घ) $Sp^3d^3$

99. निम्नलिखित में बोरॉन (B) के किस संकरण द्वारा ($BCl_3$) अणु समतलीय है?
(क) $sp^3$ संकरण (ख) $sp^2$ संकरण
(ग) $sp$ संकरण (घ) कोई नहीं

उत्तर के लिए कृपया पृष्ठ सं. 148 व 149 देखें।

100. $sp^3$ संकरण से कौन सा अणु बनता है ?
(क) $IF_7$ (ख) $PCl_5$
(ग) $SF_6$ (घ) $NH_3$

101. एथीन में होते हैं ?
(क) तीन $\sigma$ बंध (ख) तीन $\pi$ बंध
(ग) दो $\sigma$ तथा एक $\pi$ बंध (घ) पाँच $\sigma$ तथा एक $\pi$ बंध

102. निम्नलिखित में से सर्वाधिक बंध कोण किसमें है ?
(क) $CH_4$ (ख) $NH_3$
(ग) $H_2O$ (घ) $BF_3$

103. किस अणु की आकृति रैखिक नहीं है ?
(क) CO (ख) $CO_2$
(ग) HCl (घ) $H_2O$

104. इनमें से किस अणु की बंध ऊर्जा (Bond Energy) सर्वाधिक है ?
(क) $O_2$ (ख) $N_2$
(ग) $F_2$ (घ) $H_2$

105. इनमें से कौन सा यौगिक त्रिकोणीय द्विपिरामिडी है ?
(क) $BeCl_2$ (ख) $BCl_3$
(ग) $PCl_5$ (घ) $SF_6$

106. किसी अणु के केंद्रीय परमाणु के $sp^3d$ संकरण से प्राप्त होती है ?
(क) वर्ग समतलीय ज्यामिति (ख) चतुष्फलकीय ज्यामिति
(ग) त्रिभुजीय द्विपिरामिडी ज्यामिति (घ) अष्टफलकीय ज्यामिति

107. $H_2O$ है ?
(क) एक झुका हुआ (कोणीय) त्रिपरमाण्विक अणु
(ख) एक रेखीय त्रिपरमाण्विक अणु
(ग) (क) और (ख) दोनों
(घ) इनमें से कोई नहीं

108. हीरे में कार्बन के परमाण्वीय कक्षकों में होता है ?
(क) $sp$ संकरण (ख) $sp^2$ संकरण
(ग) $sp^3$ संकरण (घ) संकरण नहीं होता

109. निम्न में से अनुचुंबकीय (Paramagnetic) है ?
(क) $O_2$ (ख) $CN^-$

उत्तर के लिए कृपया पृष्ठ सं. 149 देखें।

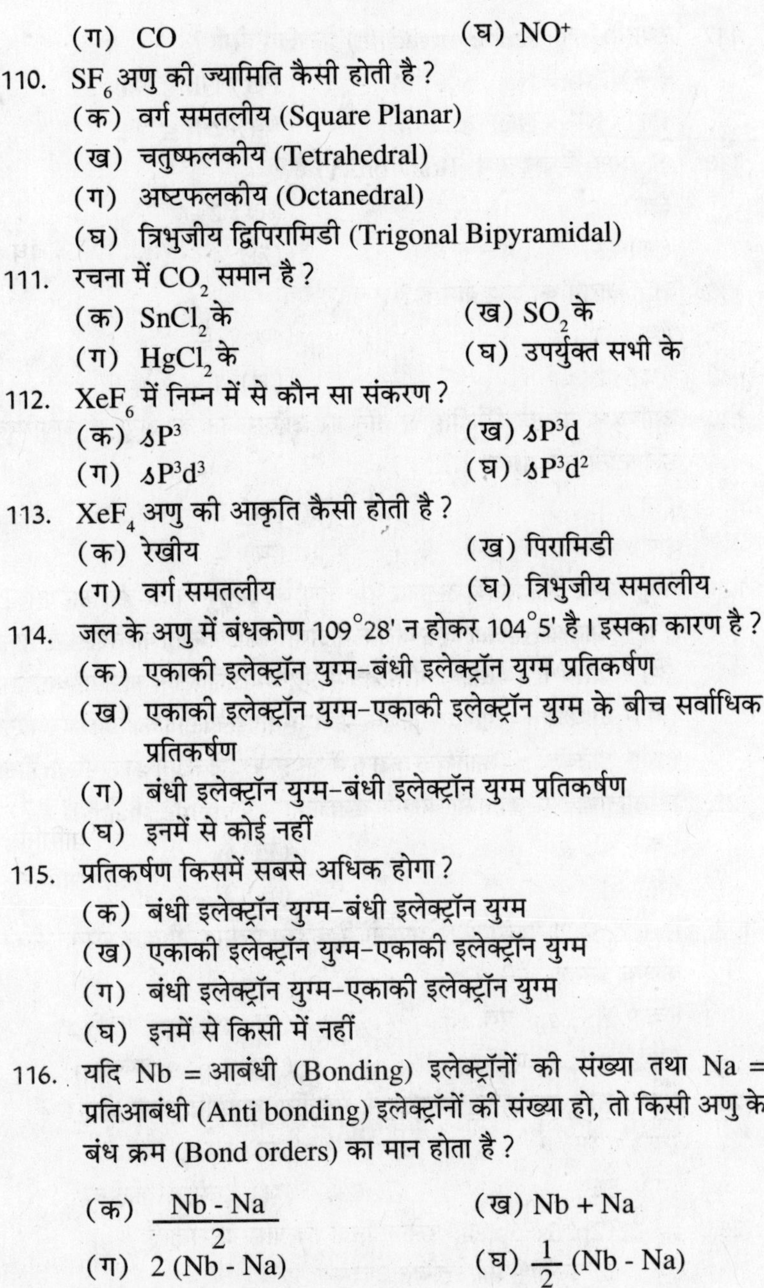

(ग) CO (घ) $NO^+$

110. $SF_6$ अणु की ज्यामिति कैसी होती है ?
(क) वर्ग समतलीय (Square Planar)
(ख) चतुष्फलकीय (Tetrahedral)
(ग) अष्टफलकीय (Octanedral)
(घ) त्रिभुजीय द्विपिरामिडी (Trigonal Bipyramidal)

111. रचना में $CO_2$ समान है ?
(क) $SnCl_2$ के (ख) $SO_2$ के
(ग) $HgCl_2$ के (घ) उपर्युक्त सभी के

112. $XeF_6$ में निम्न में से कौन सा संकरण ?
(क) $sP^3$ (ख) $sP^3d$
(ग) $sP^3d^3$ (घ) $sP^3d^2$

113. $XeF_4$ अणु की आकृति कैसी होती है ?
(क) रेखीय (ख) पिरामिडी
(ग) वर्ग समतलीय (घ) त्रिभुजीय समतलीय

114. जल के अणु में बंधकोण $109^\circ 28'$ न होकर $104^\circ 5'$ है। इसका कारण है ?
(क) एकाकी इलेक्ट्रॉन युग्म-बंधी इलेक्ट्रॉन युग्म प्रतिकर्षण
(ख) एकाकी इलेक्ट्रॉन युग्म-एकाकी इलेक्ट्रॉन युग्म के बीच सर्वाधिक प्रतिकर्षण
(ग) बंधी इलेक्ट्रॉन युग्म-बंधी इलेक्ट्रॉन युग्म प्रतिकर्षण
(घ) इनमें से कोई नहीं

115. प्रतिकर्षण किसमें सबसे अधिक होगा ?
(क) बंधी इलेक्ट्रॉन युग्म-बंधी इलेक्ट्रॉन युग्म
(ख) एकाकी इलेक्ट्रॉन युग्म-एकाकी इलेक्ट्रॉन युग्म
(ग) बंधी इलेक्ट्रॉन युग्म-एकाकी इलेक्ट्रॉन युग्म
(घ) इनमें से किसी में नहीं

116. यदि Nb = आबंधी (Bonding) इलेक्ट्रॉनों की संख्या तथा Na = प्रतिआबंधी (Anti bonding) इलेक्ट्रॉनों की संख्या हो, तो किसी अणु के बंध क्रम (Bond orders) का मान होता है ?
(क) $\frac{Nb - Na}{2}$ (ख) Nb + Na
(ग) 2 (Nb - Na) (घ) $\frac{1}{2}$ (Nb - Na)

उत्तर के लिए कृपया पृष्ठ सं. 149 देखें।

117. स्थायी अणु (Stable molecule) के लिए होगा ?

(क) $Nb = Na$ (ख) $Nb < Na$

(ग) $Nb > Na$ (घ) $Nb \leq Na$

118. $N_2$ अणु में बंध क्रम (Bond order) है ?

(क) 1 (ख) 2

(ग) 3 (घ) 4

119. $H_2^+$ आयन का बंध क्रम है ?

(क) 0 (ख) $\frac{1}{2}$

(ग) 2 (घ) 1

120. आण्विक कक्षक सिद्धांत के अनुसार ऑक्सीजन के अणु में अयुग्मित इलेक्ट्रॉनों की संख्या है ?

(क) 1 (ख) 2

(ग) 3 (घ) 4

121. अणु रक्षक सिद्धांत के अनुसार $O_2$ अणु के अनुचुंबकत्व का कारण है ?

(क) आबंधी $\sigma$– आण्विक कक्षक में अयुग्मित इलेक्ट्रॉनों का उपस्थित होना

(ख) प्रतिबंधी $\sigma$– आण्विक कक्षक में अयुग्मित इलेक्ट्रॉनों का उपस्थित होना

(ग) आबंधी $\pi$–आण्विक कक्षक में अयुग्मित इलेक्ट्रॉनों का उपस्थित होना

(घ) प्रतिबंधी $\pi$– आण्विक कक्षक में अयुग्मित इलेक्ट्रॉनों का उपस्थित होना

122. निम्नलिखित में कौन सा कक्षक डंबलाकार (Dumble shaped) है ?

(क) s (ख) p

(ग) d (घ) f

123. $BeCl_2$, $BCl_3$ एवं $CCl_4$ अणुओं में केंद्रीय परमाणुओं द्वारा प्रयुक्त संकर कक्षक क्रमशः है ?

(क) $sp^2$, $sp^3$ एवं $sp$ (ख) $sp$, $sp^2$ एवं $sp^3$

(ग) $sp^3$, $sp$ एवं $sp^2$ (घ) $sp^2$, $sp$ एवं $sp^3$

124. $ClF_3$, $BF_3$ एवं $NH_3$ अणुओं में अतलीय ज्यामिति वाला अणु है ?

(क) $ClF_3$ (ख) $NH_3$

(ग) $BF_3$ (घ) इनमें से कोई नहीं

125. $1s^2\,2s^2\,2p^6\,3s^2\,3p^5\,4s^1$ इलेक्ट्रॉनिक विन्यास दरशाता है ?

(क) Cl परमाणु की उत्तेजित अवस्था

उत्तर के लिए कृपया पृष्ठ सं. 149 देखें।

(ख) आर्गन की उत्तेजित अवस्था
(ग) Cl परमाणु की निम्नतम अवस्था
(घ) पोटैशियम की निम्नतम अवस्था

126. कोबाल्ट परमाणु में अयुग्मित इलेक्ट्रॉनों (Unpaired electrons) की संख्या होती है ?
(क) 2 (ख) 3
(ग) 4 (घ) 5

127. आबंध क्रम तीन नहीं है ?
(क) $N_2^+$ के लिए (ख) $O_2^{2+}$ के लिए
(ग) $N_2$ के लिए (घ) $NO^+$ के लिए

128. मुख्य, एजीमुथल तथा चुंबकीय क्वांटम संख्या क्रमश: संबंधित है ?
(क) साइज, आकृति और अभिविन्यास
(ख) आकृति, साइज और अभिविन्यास
(ग) साइज, अभिविन्यास और आकृति
(घ) इनमें से कोई नहीं

129. N परमाणु में तीन अयुग्मित इलेक्ट्रॉन की उपस्थिति का स्पष्टीकरण दिया जा सकता है ?
(क) पाउली अपवर्जन सिद्धांत द्वारा (ख) हुंड के नियम द्वारा
(ग) ऑफबाऊ सिद्धांत द्वारा (घ) अनिश्चितता के सिद्धांत द्वारा

130. एक परमाणु में मुख्य क्वांटम संख्या का अधिकतम मान 4 हो, तो उसमें अधिकतम इलेक्ट्रॉनों की संख्या होगी ?
(क) 10 (ख) 18
(ग) 32 (घ) 54

131. अक्रिय गैसों (Inert gases) में अयुग्मित इलेक्ट्रॉनों की संख्या होती है ?
(क) 8 (ख) 18
(ग) 0 (घ) 10

132. H परमाणु की पाश्चन श्रेणी (Paschenseries) की किसी एक रेखा की आवृति $2.340 \times 10^{11}$Hz है, इस संक्रमण को उत्पन्न करने के लिए क्वांटम संख्या $n_2$ होगी ?
(क) 6 (ख) 3
(ग) 4 (घ) 7

133. आण्विक कक्षक सिद्धांत के प्रणेता हैं ?

उत्तर के लिए कृपया पृष्ठ सं. 149 देखें।

(क) रॉबर्ट हुक (ख) रॉबर्ट मिलिकन
(ग) इर्विन श्रोडिंजर (घ) रदरफोर्ड

134. परमाणु नाभिक अथवा अणु नाभिक के चारों ओर त्रिविम (Three dimensional) अंतरिक्ष में वे क्षेत्र जहाँ इलेक्ट्रॉन के पाए जाने की प्रायिकता सर्वाधिक होती है, क्या कहलाती है ?
(क) कक्षक (ख) कक्ष
(ग) क्वांटम (घ) इनमें से कोई नहीं

135. नाइट्रोजन परमाणु में कितने इलेक्ट्रॉन होते हैं ?
(क) 3 (ख) 5
(ग) 7 (घ) 9

136. ऑक्सीजन परमाणु की इलेक्ट्रॉनिक संरचना है ?
(क) $1s^3 2s^2 2p^4$ (ख) $1s^2 2s^2 2p^3$
(ग) $1s^2 2s^2 2p^2$ (घ) $1s^2 2s^1 2p^4$

137. एक्स-किरण (X-ray) की खोज करनेवाला वैज्ञानिक था ?
(क) डब्ल्यू.के. राण्ट्जन (ख) रॉबर्ट मिलिकन
(ग) जे.जे. थामसन (घ) रॉबर्ट हुक

138. इलेक्ट्रॉन की खोज करनेवाला वैज्ञानिक है ?
(क) रदरफोर्ड एवं चैडविक
(ख) रॉबर्ट हुक एवं रॉबर्ट ब्राउन
(ग) जे.जे. थॉमसन
(घ) इनमें से कोई नहीं

139. परमाणु के ऋणावेशित कणों (Negatively charged particles) को क्या कहते हैं ?
(क) इलेक्ट्रॉन (ख) प्रोटॉन
(ग) न्यूट्रॉन (घ) इनमें से कोई नहीं

140. परमाणु के धनावेशित (+ve) किरणों के संबंध में खोज करनेवाला वैज्ञानिक है ?
(क) रॉबर्ट मिलिकन (ख) मेंडलीफ
(ग) ई. गोल्डस्टीन (घ) इनमें से कोई नहीं

141. प्रोटॉन का द्रव्यमान इलेक्ट्रॉन के द्रव्यमान से कितना गुना ज्यादा होता है ?

उत्तर के लिए कृपया पृष्ठ सं. 149 व 150 देखें।

(क) 1750 गुना ज्यादा (ख) 1825 गुना ज्यादा
(ग) 1837 गुना ज्यादा (घ) 1875 गुना ज्यादा

142. न्यूटॉन की खोज करनेवाले वैज्ञानिक कौन है?
(क) इ. रदरफोर्ड (ख) जे. चैडविक
(ग) ई. गोल्डस्टीन (घ) जॉन मेंडल

143. परमाणु का ऐसा कण जिस पर किसी भी प्रकार का कोई विद्युत् आवेश नहीं होता, कहलाता है?
(क) इलेक्ट्रॉन (ख) प्रोटॉन
(ग) न्यूट्रॉन (घ) इनमें से कोई नहीं

144. चैडविक ने किस धातु पर साइक्लोट्रॉन नामक यंत्र में तीव्रगामी कणों की बौछार करके उदासीन कण न्यूट्रॉन का पता लगाया था?
(क) लीथियम (ख) मैग्नीशियम
(ग) सोडियम (घ) बेरेलियम

145. परमाणु संरचना का वर्तमान ज्ञान किस वैज्ञानिक की परमाण्वीय धारणा पर आधारित है?
(क) रदरफोर्ड (ख) चैडविक
(ग) मेंडलीफ (घ) रॉबर्ट मिलिकन

146. रदरफोर्ड ने किस धातु की पतली पन्नी (मुटाई 0.0004 सेमी.) पर अल्फा कणों की बौछार की थी?
(क) सोना (ख) चाँदी
(ग) प्लैटिनम (घ) ताँबा

147. नील्स बोर ने सन् 1913 में किस सिद्धांत के आधार पर परमाणु संरचना का सरल मॉडल प्रस्तुत किया था?
(क) आफबाउ सिद्धांत (ख) क्वांटम सिद्धांत
(ग) आर्किमिडीज का सिद्धांत (घ) इनमें से कोई नहीं

148. इनमें से इलेक्ट्रॉन का संकेत क्या होता है?
(क) E (ख) El
(ग) e (घ) Et

149. मर्करी (पारा) की परमाणु संख्या होती है?

उत्तर के लिए कृपया पृष्ठ सं. 150 देखें।

(क) 54 (ख) 65
(ग) 75 (घ) 80

150. सल्फर (S) में प्रोटॉन की संख्या होती है ?
(क) 14 (ख) 16
(ग) 18 (घ) 20

151. फ्लोरीन (F) में न्यूटॉन की संख्या होती है ?
(क) 10 (ख) 8
(ग) 6 (घ) 4

152. पारा की द्रव्यमान संख्या है ?
(क) 100 (ख) 200
(ग) 300 (घ) 400

153. सल्फर की परमाणु संख्या 16 है, तो इसमें उपस्थित इलेक्ट्रॉन और प्रोटॉन की संख्या होगी क्रमश: ?
(क) 15 और 16 (ख) 16 और 17
(ग) 16 और 16 (घ) 17 और 18

154. हाइड्रोजन में प्रोटॉन और इलेक्ट्रॉन की संख्या क्रमश: 1 और 1 है, तो न्यूट्रॉन की संख्या क्या होगी ?
(क) 1 (ख) 2
(ग) 3 (घ) 0

155. बोरॉन (B) की द्रव्यमान संख्या 11 तथा परमाणु संख्या 5 है, तो इसमें न्यूट्रॉन की संख्या होगी ?
(क) 6 (ख) 5
(ग) 4 (घ) इनमें से कोई नहीं

156. हाइड्रोजन के कितने समस्थानिक (Isotope) हैं ?
(क) 2 (ख) 3
(ग) 4 (घ) 5

157. समस्थानिकों में किसकी संख्या में भिन्नता होती है ?
(क) इलेक्ट्रॉन (ख) प्रोटॉन
(ग) न्यूट्रॉन (घ) उपर्युक्त सभी की

158. हाइड्रोजन के समस्थानिक हैं ?

उत्तर के लिए कृपया पृष्ठ सं. 150 देखें।

(क) प्रोटियम (ख) ड्यूटीरियम
(ग) ट्राइटियम (घ) उपर्युक्त सभी

159. ट्राइटियम (T) की द्रव्यमान संख्या कितनी होती है ?
(क) 1 (ख) 2
(ग) 3 (घ) 4

160. विभिन्न तत्त्वों के ऐसे परमाणु, जिनके परमाणु भार समान तथा परमाणु संख्या भिन्न होती हैं, कहलाते हैं ?
(क) समस्थानिक (Isotopes) (ख) समभारिक (Isobars)
(ग) रेडियोधर्मी (घ) इनमें से कोई नहीं

161. किस वैज्ञानिक ने अपने परमाणु मॉडल में इस बात को स्पष्ट किया कि इलेक्ट्रॉन विभिन्न कक्षाओं में चक्कर लगाते हैं ?
(क) रदरफोर्ड (ख) नील्स बोर
(ग) मैडम क्यूरी (घ) ई. गोल्डस्टीन

162. परमाणु की किसी भी कक्षा में इलेक्ट्रॉनों की अधिकतम संख्या ($2n^2$) होती है, जहाँ कक्षा की क्रम संख्या n है। इस प्रकार पहली कक्षा में अधिकतम 2 इलेक्ट्रॉन, दूसरी में 8, तीसरी में 18 तो चौथी कक्षा में कितने इलेक्ट्रॉन हो सकते हैं ?
(क) 20 (ख) 25
(ग) 30 (घ) 32

163. किसी भी परमाणु के बाह्यतम कक्ष में अधिकतम कितने इलेक्ट्रॉन हो सकते हैं ?
(क) 4 (ख) 6
(ग) 8 (घ) 10

164. किसी परमाणु के बाह्यतम कोश (Shell) में उपस्थित इलेक्ट्रानों को कहते हैं ?
(क) संयोजी इलेक्ट्रॉन (ख) वियोगी इलेक्ट्रॉन
(ग) समस्थानिक (घ) इनमें से कोई नहीं

165. नाइट्रोजन की परमाणु संख्या 7 है। इसमें संयोजी इलेक्ट्रॉन (Valence Electrons) की संख्या है ?
(क) 3 (ख) 5
(ग) 7 (घ) 9

166. इलेक्ट्रॉन नाभिक के चारों ओर विभिन्न कोशों में स्थित होते हैं। इन्हें किन

उत्तर के लिए कृपया पृष्ठ सं. 150 देखें।

संकेतों से सूचित किया जाता है ?

(क) s, p, d, f (ख) A, B, C, D

(ग) K, L, M, N (घ) l, m, n, o

167. कैल्शियम (Ca) की संयोजकता (Valency) कितनी होती है ?

(क) 8 (ख) 4

(ग) 2 (घ) 1

168. ऑर्गन (Ar) के द्वितीय एवं तृतीय कोशों में इलेक्ट्रॉनों की संख्या होती है, क्रमश:

(क) 4 एवं 4 (ख) 5 एवं 5

(ग) 8 एवं 8 (घ) इनमें से कोई नहीं

169. पोटैशियम और कैल्शियम के संकेत हैं, क्रमश:—

(क) K और Ca (ख) P और K

(ग) Ka और Cal (घ) इनमें से कोई नहीं

170. हीलियम (He) के प्रथम कोश में दो इलेक्ट्रॉन हैं। यह प्रथम कोश ही अंतिम कोश है। प्रथम कोश में अधिकतम दो इलेक्ट्रॉन होते हैं। अत: इसकी संयोजकता कितनी होगी ?

(क) 1 (ख) 2

(ग) 3 (घ) 0

171. लीथिम (Li), बेरीलियम (Be), बोरॉन (B) और कार्बन (C) में संयोजी इलेक्ट्रॉनों (Valence Electrons) की संख्या होती है, क्रमश:

(क) 1, 2, 3, 4 (ख) 2, 3, 4, 5

(ग) 3, 4, 5, 6 (घ) 4, 5, 6, 7

172. कार्बन, नाइट्रोजन, ऑक्सीजन और फ्लोरीन की परमाणु संख्या है क्रमश:

(क) 4, 5, 6 तथा 7 (ख) 5, 6, 7 तथा 8

(ग) 6, 7, 8 तथा 9 (घ) इनमें से कोई नहीं

173. हीलियम (He), निऑन (Ne) तथा आर्गन (Ar) की संयोजकता है, क्रमश:

(क) 1, 2 एवं 3 (ख) 2, 3 एवं 4

(ग) 3, 4 एवं 5 (घ) 0, 0 एवं 0

174. परमाणु के चतुर्थ कोश (N) में इलेक्ट्रॉनों की अधिकतम संख्या होगी ?

(क) 8 (ख) 18

उत्तर के लिए कृपया पृष्ठ सं. 150 देखें।

(ग) 32 (घ) 40

175. चाँदी, सोना और ताँबा के संकेत हैं, क्रमश:—

(क) Ag, Au एवं Cu (ख) Si, Go एवं Co

(ग) Au, Co एवं Ag (घ) इनमें से कोई नहीं

176. द्विपरमाण्विक तत्त्वों (Diatomic Elements) के उदाहरण हैं ?

(क) सभी धातुएँ

(ख) सभी निष्क्रिय गैसें

(ग) हाइड्रोजन, नाइट्रोजन, ऑक्सीजन, क्लोरीन गैसें

(घ) इनमें सभी

□

उत्तर के लिए कृपया पृष्ठ सं. 150 देखें।

## 3

# तत्त्वों की आवर्त सारणी

# (PERIODIC TABLE OF ELEMENTS)

177. किस वैज्ञानिक ने तत्त्वों को उनके बढ़ते परमाणु भारों (Atomic Weights) के अनुसार व्यवस्थित किया और पाया कि प्रत्येक आठवाँ तत्त्व पहले तत्त्व के गुणों से ठीक उसी तरह समानता रखता है, जिस तरह संगीत के सात स्वरों में हर आठवाँ स्वर पहले से मिलता है।

(क) मेंडलीफ (ख) प्राउट

(ग) डोबरीनर (घ) न्यूलैंड

178. किस वैज्ञानिक ने समान गुणवाले तत्त्वों को तीन-तीन के ऐसे समूह में व्यवस्थित किया कि बीच के तत्त्व का परमाणु द्रव्यमान पहले और तीसरे तत्त्व के परमाणु द्रव्यमानों का लगभग औसत था?

(क) न्यूलैंड (ख) चैडविक

(ग) डोबरीनर (घ) इनमें से कोई नहीं

179. मेंडलीफ की आवर्त सारणी में मौजूद क्षैतिज खाने (Horizontal rows) को क्या कहते हैं?

(क) आवर्त (Period)

(ख) समूह (Group)

(ग) संक्रमण त्रिक (Transition triplet)

(घ) इनमें से कोई नहीं

180. मेंडलीफ की आवर्त सारणी (Periodic Table) में कितने आवर्त (Period) हैं?

(क) 3 (ख) 5

(ग) 7 (घ) 9

उत्तर के लिए कृपया पृष्ठ सं. 150 देखें।

181. तत्त्वों के वर्गीकरण के संबंध में किस वैज्ञानिक का कार्य अति महत्त्वपूर्ण है ?

(क) जे.जे. थामसन (ख) लोथर मेयर

(ग) मेंडलीफ

(घ) डोबेराइनर सिक्का धातुएँ (Coinage Metals)

182. सिक्का धातुओं के उदाहरण हैं ?

(क) Cu, Ag, Au (ख) Li, Na, K, Rb, Cs

(ग) He, Ne, Ar (घ) C, N, O, K

183. मेंडलीफ की मूल आवर्त सारणी (Periodic Table) में कितने वर्ग उपस्थित थे ?

(क) 4 (ख) 6

(ग) 8 (घ) 10

184. अक्रिय गैसों (Inert Gases) को किस वर्ग में रखा गया है ?

(क) चतुर्थ वर्ग (ख) प्रथम वर्ग

(ग) पंचम वर्ग (घ) शून्य वर्ग

185. आवर्त सारणी के दूसरे और तीसरे आवर्त में कितने तत्त्व हैं ?

(क) 4 - 4 (ख) 6 - 6

(ग) 8 - 8 (घ) 10 - 10

186. आवर्त सारणी के चौथे और पाँचवें आवर्त में कितने तत्त्व हैं ?

(क) 18 - 18 (ख) 20 - 20

(ग) 24 - 24 (घ) 30 - 30

187. किस वैज्ञानिक के अनुसार—"तत्त्वों के भौतिक और रासायनिक गुण उनकी परमाणु संख्या के आवर्त फलन (Periodic Functions) होते हैं ?"

(क) मोसले (ख) ऑफबाऊ

(ग) हाइजेनबर्ग (घ) मेंडलीफ

188. आवर्त सारणी में बाईं ओर स्थित सक्रिय धातुओं तथा दाईं ओर स्थित अधातुओं के मध्य गुणों में क्रमिक परिवर्तन दरशानेवाले तत्त्वों को क्या कहते हैं ?

(क) लैंथेनाइड्स (ख) ऐक्टीनाइड्स

(ग) संक्रमण तत्त्व (Transition Metals)

(घ) सामान्य तत्त्व

उत्तर के लिए कृपया पृष्ठ सं. 150 देखें।

189. आवर्त सारणी के तीसरे वर्ग में लैंथेनम (La) के पश्चात् शामिल किए गए 14 तत्त्वों को क्या कहते हैं ?

(क) एक्टीनाइड्स (ख) लैंथेनाइड्स

(ग) उत्कृष्ट गैसें (घ) इनमें से कोई नहीं

190. इनमें उत्कृष्ट गैसों (Noble Gases) के उदाहरण हैं ?

(क) $Co_2$, $So_2$, $H_2s$ (ख) He, Ne, Ar

(ग) Na, K, Li (घ) इनमें से कोई नहीं

191. आधुनिक आवर्त नियम को किस वैज्ञानिक ने प्रतिपादित किया था ?

(क) मेंडलीफ (ख) मोसले

(ग) रदरफोर्ड (घ) न्यूलैंड

192. किस वैज्ञानिक ने अष्टक नियम (Law of Octaves) का प्रतिपादन किया था ?

(क) न्यूलैंड (ख) विलियम हार्वे

(ग) डोबरीनर (घ) डी शांकोर्ता

193. मेंडलीफ की आवर्त सारणी का सातवाँ आवर्त (7th Period) अपूर्ण है। इसमें शामिल परमाणु संख्या 90 से 103 तक के 14 तत्त्वों को क्या कहते हैं ?

(क) लैंथेनाइड्स (ख) एक्टीनाइड्स

(ग) संक्रमण तत्त्व (घ) उपर्युक्त सभी

194. मेंडलीफ की आवर्त सारणी के किस आवर्त को लघु आवर्त (Shortest Period) कहते हैं ?

(क) पहले आवर्त को (ख) दूसरे और तीसरे आवर्त को

(ग) चौथे और पाँचवें आवर्त को (घ) छठे आवर्त को

195. आवर्त सारणी के पहले आवर्त में तत्त्वों की संख्या कितनी है ?

(क) 10 (ख) 8

(ग) 4 (घ) 2

196. आवर्त सारणी के किस वर्ग के तत्त्वों को सेतु तत्त्व (Bridge Elements) कहते हैं ?

(क) प्रथम वर्ग के तत्त्व (ख) द्वितीय वर्ग के तत्त्व

(ग) तृतीय वर्ग के तत्त्व (घ) चतुर्थ वर्ग के तत्त्व

उत्तर के लिए कृपया पृष्ठ सं. 150 देखें।

197. हीलियम की इलेक्ट्रॉनिक संरचना (Electronic Configuration) है?
(क) $1s^1$ (ख) $1s^2$
(ग) $1s^2 2p^2$ (घ) इनमें से कोई नहीं

198. हीलियम के अतिरिक्त अन्य सभी उत्कृष्ट गैस तत्त्वों (Noble Gas Elements) की अंतिम कक्षा का इलेक्ट्रॉनिक विन्यास होता है?
(क) $1s^2$ (ख) $ns^2 np^6$
(ग) $ns^2 np^4$ (घ) $ns^2 np^5$

199. लैन्थेनाइड श्रेणी के 14 तत्त्वों की परमाणु संख्या है?
(क) 58—71 तक (ख) 68—81 तक
(ग) 48—61 तक (घ) 38—51 तक

200. आवर्त सारणी के तीसरे वर्ग में ऐक्टीनियम (Ac) के पश्चात् 14 तत्त्व शामिल हैं, जिन्हें ऐक्टीनाइड्स कहते हैं। इन तत्त्वों की परमाणु संख्या है?
(क) 58—71 तक (ख) 68—81 तक
(ग) 90—103 तक (घ) इनमें से कोई नहीं

201. यूरेनियम (U) के बाद का कोई भी तत्त्व प्रकृति में नहीं पाया जाता। ये सभी कृत्रिम रूप से नाभिकीय क्रियाओं द्वारा संश्लेषित अस्थायी रेडियोऐक्टिव तत्त्व हैं। इन तत्त्वों को क्या कहते हैं?
(क) ऐक्टीनाइड्स (ख) लैंथेनाइड्स
(ग) ट्रांसयूरेनिक तत्त्व (घ) संक्रमण तत्त्व

202. आवर्त सारणी के किसी भी समूह में ऊपर से नीचे की ओर जाने पर परमाणु त्रिज्या (Atomic Radius) बढ़ती जाती है और आयनन विभव?
(क) बढ़ता जाता है (ख) कम होता जाता है
(ग) बढ़ता-घटता रहता है (घ) इनमें से कोई नहीं

203. किसी यौगिक के अणु में उसके किसी परमाणु द्वारा साझे के इलेक्ट्रॉन युग्म को अपनी ओर आकर्षित करने की प्रवृत्ति को क्या कहते हैं?
(क) विद्युत् ऋणात्मकता (ख) विद्युत् घनात्मकता
(ग) परिरक्षण प्रभाव (घ) आयनन विभव

204. आवर्त सारणी में जब हम बाएँ से दाएँ ओर बढ़ेंगे, तो परमाणुओं के आकार में कैसा परिवर्तन होता जाएगा?
(क) बढ़ते जाएँगे (ख) छोटे होते जाएँगे
(ग) कोई परिवर्तन नहीं होगा (घ) इनमें से कोई नहीं

उत्तर के लिए कृपया पृष्ठ सं. 151 देखें।

205. उत्कृष्ट गैसों की विद्युत्ऋणात्मकता होती है ?

(क) शून्य (ख) दो

(ग) चार (घ) पाँच

206. परमाणु त्रिज्या का मान मापा जाता है ?

(क) मीटर में (ख) सेंटीमीटर में

(ग) ऐंग्स्ट्रॉम यूनिट में (घ) इनमें सभी में

207. ठोस अवस्था में किसी एक तत्त्व के दो निकटतम अणुओं के परमाणुओं के नाभिकों की दूरी का आधा, उस तत्त्व की क्या कहलाती है ?

(क) वांडर वॉल त्रिज्या

(ख) सह-संयोजक त्रिज्या

(ग) इलेक्ट्रॉन बंधुता

(घ) परमाणु त्रिज्या

208. हाइड्रोजन अणु में दो हाइड्रोजन परमाणुओं के नाभिकों के मध्य की दूरी होती है ?

(क) 0. 70 $A^\circ$ (ख) 0. 74 $A^\circ$

(ग) 0. 80 $A^\circ$ (घ) 0. 84 $A^\circ$

209. आवर्त सारणी के तृतीय आवर्त में किस तत्त्व के परमाणु का आकार सबसे बड़ा होता है ?

(क) Na (ख) Mg

(ग) S (घ) Cl

210. किसी आवर्त में परमाणु संख्या में वृद्धि के साथ धात्त्विक गुण (Metallic Properties) ?

(क) घटता और बढ़ता है (ख) बढ़ता है

(ग) घटता है (घ) इनमें से कोई नहीं

211. आवर्त सारणी के किसी वर्ग में ऊपर से नीचे की ओर जाने पर परमाणु में इलेक्ट्रॉनिक कोशों (Shell) की संख्या बढ़ने से परमाणु के आकार में क्या परिवर्तन होता है ?

(क) परमाणु के आकार में क्रमशः वृद्धि होती है

(ख) परमाणु के आकार में वृद्धि नहीं होती

(ग) परमाणु का आकार संकुचित हो जाता है

(घ) परमाणु के आकार में कोई परिवर्तन नहीं होता

उत्तर के लिए कृपया पृष्ठ सं. 151 देखें।

212. किसी परमाणु में इलेक्ट्रॉन को जोड़ने से वह ऋणावेशित कण बन जाता है। इस क्रिया में ऊर्जा विसर्जित होती है। इस प्रक्रिया कोकहते हैं ?

(क) विद्युत् ऋणात्मकता (ख) विद्युत् ऋणता

(ग) इलेक्ट्रॉन बंधुता (घ) प्रतिकर्षण

213. बोर (Bohr) नामक वैज्ञानिक ने तत्त्वों के बढ़ती हुई परमाणु संख्या के आधार पर उन्हें एक सारणी के रूप में व्यवस्थित किया। इसे क्या कहते हैं ?

(क) बोर की आवर्त सारणी

(ख) आवर्त सारणी का दीर्घ रूप

(ग) आधुनिक आवर्त सारणी

(घ) उपर्युक्त सभी

214. आधुनिक आवर्त सारणी में कितने वर्ग हैं ?

(क) 9 (ख) 18

(ग) 27 (घ) 36

215. तत्त्वों की इलेक्ट्रॉनिक संरचना एवं आवर्त सारणी के दीर्घ रूप में कैसा संबंध है ?

(क) निकट का संबंध है (ख) दूर का संबंध है

(ग) कोई संबंध नहीं है (घ) इनमें से कोई नहीं

216. प्रथम आवर्त को छोड़कर अन्य सभी आवर्त क्षार धातु से आरंभ होकर

(क) अधातु पर समाप्त होते हैं

(ख) निष्क्रिय गैस पर समाप्त होते हैं

(ग) साधारण गैस पर समाप्त होते हैं

(घ) इनमें से कोई नहीं

217. f- ब्लॉक तत्त्वों के संबंध में कौन सा कथन सही है ?

(क) ये परिवर्ती संयोजकता (Variable Valency) प्रदर्शित करते हैं

(ख) ये सभी धातु हैं

(ग) इनके आयन प्राय: रंगीन होते हैं

(घ) उपर्युक्त सभी गुणों से युक्त होते हैं

218. आवर्त सारणी के दीर्घ रूप की विशेषता है ?

(क) आवर्त सारणी का दीर्घ रूप परमाणु संख्या पर आधारित है

(ख) प्रत्येक तत्त्व की स्थिति उसके इलेक्ट्रॉनिक विन्यास के आधार पर सुनिश्चित की गई है

उत्तर के लिए कृपया पृष्ठ सं. 151 देखें।

(ग) इसे याद रखना अपेक्षाकृत सरल है, क्योंकि इसमें वर्गीकरण अधिक विज्ञान-सम्मत ढंग से किया गया है

(घ) उपर्युक्त सभी विशेषताएँ हैं

219. किन तत्त्व समूहों को आवर्त सारणी के नीचे पृथक् रूप से दरशाया गया है ?

(क) सभी धातुओं को

(ख) सभी अधातुओं को

(ग) निष्क्रिय गैसों को

(घ) लैंथेनाइड्स तथा ऐक्टीनाइड्स को

220. मेंडलीफ की आवर्त सारणी के दोष क्या हैं ?

(क) हाइड्रोजन का स्थान अनिश्चित

(ख) भारी तत्त्वों को हलके तत्त्वों से पहले रखा जाना

(ग) विभिन्न गुणोंवाले तत्त्वों का एक ही वर्ग में रखा जाना

(घ) उपर्युक्त सभी

221. मेंडलीफ ने अपनी आवर्त सारणी में अनेक रिक्त स्थान उन तत्त्वों के लिए छोड़ दिए थे, जिनकी खोज नहीं हुई थी तथा भविष्य में खोजे जाने की संभावना थी। जब उन तत्त्वों की खोज हुई तो पाया गया कि उनके गुण मेंडलीफ द्वारा बताए गए गुणों के समान थे। ऐसे तत्त्वों की सूची है ?

(क) स्कैंडियम (Sc) (ख) गैलियम (Ga)

(ग) कार्बन (C) (घ) उपर्युक्त (क) एवं (ख)

222. तृतीय आवर्त के तत्त्व (Na, Mg आदि) क्या कहलाते हैं ?

(क) प्रारूपी तत्त्व (Typical Elements)

(ख) प्रसामान्य तत्त्व (Normal Elements)

(ग) संक्रमण तत्त्व (Transition Elements)

(घ) इनमें से कोई नहीं

223. किसी भी परमाणु के बाह्यतम उपकक्ष (Outermost subshell) में इलेक्ट्रॉनों पर नाभिक का आकर्षण बल अंदर के इलेक्ट्रॉनों पर उसके आकर्षण बल से कम होता है। जैसे-जैसे अंदर के कक्ष एवं उपकक्षों में इलेक्ट्रॉनों की संख्या बढ़ती जाती है, वैसे-वैसे इस संख्या के कारण बाह्यतम उपकक्ष के

उत्तर के लिए कृपया पृष्ठ सं. 151 देखें।

इलेक्ट्रॉनों पर नाभिक (Nucleus) का प्रभाव कम होता जाता है। इस प्रभाव को कहते हैं ?

(क) रेडियोऐक्टिव प्रभाव

(ख) परिरक्षण प्रभाव (Screening Eficet)

(ग) टिंडल प्रभाव (घ) उपर्युक्त सभी

224. नाभिकीय आवेश (Nuclear Charge) बढ़ने से आयनन विभव के मान में क्या परिवर्तन होता है ?

(क) मान में वृद्धि होती है

(ख) मान में वृद्धि नहीं होती है

(ग) मान एक जैसा रहता है

(घ) इनमें से कोई नहीं

225. हुंड के नियमानुसार पूर्ण तथा अर्द्धपूर्ण उपकक्ष अपेक्षाकृत

(क) स्थायी नहीं होते हैं (ख) स्थायी होते हैं

(ग) कुछ भी नहीं होते हैं (घ) इनमें से कोई नहीं

226. किसी वर्ग में ऊपर से नीचे आने पर इलेक्ट्रॉन बंधुता (Electron Affinity) में क्या परिवर्तन होता है ?

(क) इलेक्ट्रॉन बंधुता का मान कम होता है

(ख) इलेक्ट्रॉन बंधुता का मान बढ़ जाता है

(ग) इलेक्ट्रॉन बंधुता में कोई परिवर्तन नहीं होता

(घ) इनमें से कोई नहीं

227. विद्युत् ऋणात्मकता (Electronegativity) को प्रभावित करनेवाले कारक हैं ?

(क) परमाण्वीय आकार (Atomic Size)

(ख) प्रभावी नाभिकीय आवेश (Effective Nuclear Charge)

(ग) ऑक्सीकरण अवस्था (Oxidation State)

(घ) उपरोक्त सभी

228. किसी तत्त्व का एक परमाणु हाइड्रोजन अथवा अन्य एकसंयोजक तत्त्व के जितने परमाणुओं के साथ संयोग करता है; उसे उस तत्त्व की क्या कहते हैं ?

(क) आयनिक त्रिज्या (ख) विद्युत् ऋणात्मकता

(ग) संयोजकता (घ) इनमें से कोई नहीं

उत्तर के लिए कृपया पृष्ठ सं. 151 देखें।

229. किसी वर्ग में नीचे की ओर जाने पर अधातु ऑक्साइडों के अम्लीय गुण पर क्या असर पड़ता है ?

(क) अम्लीय गुण घटता है

(ख) अम्लीय गुण बढ़ता है

(ग) अम्लीय गुणों पर कोई प्रभाव नहीं होता

(घ) इनमें से कोई नहीं

230. एक ही वर्ग अथवा एक ही आवर्त के तत्त्वों से बने यौगिकों के गुणों में कैसी घटना देखने को मिलती है ?

(क) समदर्शिता (ख) आवर्तिता (Periodicity)

(ग) विद्युत् ऋणता (घ) उपर्युक्त सभी

231. किसी विगलित (Isolated) एवं उदासीन परमाणु को ऋण आयन में बदलने पर प्राप्त ऊर्जा को क्या कहते हैं ?

(क) आवर्तिता

(ख) इलेक्ट्रॉन बंधुता (Electron Affinity)

(ग) विद्युत् ऋणात्मकता (Electro Negativity)

(घ) इनमें से कोई नहीं

□

उत्तर के लिए कृपया पृष्ठ सं. 151 देखें।

4

# प्रतिनिधि तत्त्वों का रसायन

## (CHEMISTRY OF REPRESENTATIVE ELEMENTS)

232. सिलिकॉन HF से प्रतिक्रिया करके बनाता है ?

(क) $SiF_4$ (ख) $H_2 SiF_6$

(ग) $H_2 SiF_4$ (घ) $H_2 SiF_3$

233. जीनॉन (Xenon) का कौन सा फ्लोराइड असंभव है ?

(क) $XeF_2$ (ख) $XeF_3$

(ग) $XeF_4$ (घ) $XeF_6$

234. क्षारीय मृदा धातुओं में सबसे अधिक विद्युत्धनात्मक है ?

(क) Be (ख) Mg

(ग) Ca (घ) Ba

235. निम्नलिखित में से किस तत्त्व की प्रथम आयनन ऊर्जा सर्वाधिक है ?

(क) B (ख) C

(ग) N (घ) O

236. निम्नलिखित में से कौन सा भ्रामक हैलोजेन है ?

(क) $IF_7$ (ख) $(CN)_2$

(ग) $ICl_2^-$ (घ) $I_3$

237. डीकन विधि द्वारा किसका उत्पादन किया जाता है ?

(क) विरंजक चूर्ण (ख) गंधक का अम्ल

(ग) शोरे का अम्ल (घ) क्लोरीन

238. अमोनियम डाइक्रोमेट को गरम करने पर कौन सी गैस उत्पन्न होती है ?

(क) $N_2$ (ख) $O_2$

(ग) $H_2$ (घ) $NH_3$

उत्तर के लिए कृपया पृष्ठ सं. 151 देखें।

239. $NO_2$ गैस निम्नलिखित में से किसको गरम करने पर प्राप्त नहीं की जा सकती ?

(क) $KNO_3$ (ख) $Pb (No_3)_2$ / $Pb\ No_3$

(ग) $Cu (NO_3)_2$ (घ) $Ag\ NO_3$

240. निम्नलिखित में से कौन सा लवण कमरे के ताप पर जल में अविलेय है, परंतु उबालने पर जल में विलेय है ?

(क) $CaCl_2$ (ख) $BaCl_2$

(ग) $SrCl_2$ (घ) $PbCl_2$

241. निम्नलिखित में सबसे छोटा धन आयन कौन सा है ?

(क) $Na^+$ (ख) $Mg^{2+}$

(ग) $Ca^{2+}$ (घ) $Al^{3+}$

242. निम्नलिखित में सबसे अधिक धात्विक है ?

(क) P (ख) As

(ग) Sb (घ) Bi

243. निम्नलिखित में से कौन सा अणु त्रिसमनताक्ष द्विपिरामिडी (Trigonal by pyramid) है ?

(क) $BF_3$ (ख) $CH_4$

(ग) $PCl_5$ (घ) $SF_6$

244. तत्त्व/अणु जो जल से ऑक्सीजन मुक्त करता है ?

(क) P (ख) Na

(ग) $F_2$ (घ) $I_2$

245. सॉल्वे विधि द्वारा $Na_2CO_3$ का उत्पादन किया जाता है, परंतु $K_2CO_3$ का उत्पादन संभव नहीं है, क्योंकि ?

(क) $K_2\ CO_3$ अधिक विलेय है

(ख) $K_2\ CO_3$ कम विलेय है

(ग) $Na\ HCO_3$ की अपेक्षा $KH\ CO_3$ अधिक विलेय है

(घ) $Na\ HCO_3$ की अपेक्षा $KH\ CO_3$ कम विलेय है

246. बेरीलियम (Be) की विद्युत् ऋणात्मकता निम्नलिखित में से लगभग किसके समान है ?

(क) Al (ख) B

(ग) Mg (घ) Na

उत्तर के लिए कृपया पृष्ठ सं. 151 व 152 देखें।

247. निम्नलिखित संकरित कक्षकों (Hybridised Orbitals) में से किसके कारण $NH_3$ अणु बना है ?

(क) $dsp^2$ (ख) $sp^3$

(ग) $sp^3d$ (घ) $d^2sp$

248. जल के उच्च क्वथनांक (Boiling Point) का कारण है उसमें निम्न में से किसकी उपस्थिति ?

(क) दाता बंध की (ख) सहसंयोजक बंध की

(ग) हाइड्रोजन बंध की (Hydrogen Bond)

(घ) वांडर वाल्स बलों की

249. निम्नलिखित उत्कृष्ट गैसों (Nobel Gases) में से कौन सी एक वायुमंडल में नहीं पाई जाती है ?

(क) Rn (ख) Kr

(ग) Ne (घ) Ar

250. नाइट्रोजन की आयनन ऊर्जा ऑक्सीजन की आयनन ऊर्जा से अधिक है, क्योंकि ?

(क) N में अर्द्धपूरित p कक्ष है

(ख) आवर्त सारणी में N एक ही आवर्त में O से बाईं ओर है

(ग) N में इलेक्ट्रॉनों की संख्या कम है

(घ) N कम विद्युत् ऋणात्मक है

251. निम्नलिखित में सबसे बड़ा आयन कौन सा है ?

(क) $Ac^{3+}$ (ख) $Ba^{2+}$

(ग) $Mg^{2+}$ (घ) $Na^{+}$

252. Al विकर्णतः संबंधित (Diagonal Relationship) है आवर्त सारणी में ?

(क) Li से (ख) C से

(ग) P से (घ) Be से

253. निम्नलिखित में कौन सा Li के असंगत गुणों को प्रदर्शित नहीं करता है ?

(क) Li का गलनांक तथा क्वथनांक तुलनात्मक रूप से अधिक है

(ख) Li वर्ग 1 की धातुओं से अधिक मृदु है

(ग) वर्ग 1 की धातुओं के विपरीत वह $Li_3N$ बनाता है

(घ) Li का आयन तथा इसके अन्य यौगिक, समूह के अन्य तत्त्वों से अधिक जलयोजित हैं

उत्तर के लिए कृपया पृष्ठ सं. 152 देखें।

254. क्षारीय मृदा धातुओं के सल्फेटों की जल में विलेयता का सही क्रम है ?

(क) Be > Ca > Mg > Ba > Sr

(ख) Mg > Be > Ba > Ca > Sr

(ग) Be > Mg > Ca > Sr > Ba

(घ) Mg > Ca > Ba > Be > Sr

255. निम्नलिखित में से कौन से फ्लोराइड का अस्तित्व नहीं है ?

(क) $NF_5$ (ख) $PF_5$

(ग) $AsF_5$ (घ) $Sb F_5$

256. निम्न में से कौन उच्चतम शृंखलन क्षमता प्रदर्शित करता है ?

(क) O (ख) S

(ग) Se (घ) Te

257. निम्नलिखित युग्मों में से कौन-सा सही सुमेलित नहीं है ?

(क) हैलोजन, जो सामान्य ताप पर द्रव अवस्था में है—ब्रोमीन

(ख) सर्वाधिक विद्युत् ऋणात्मक तत्त्व है—फ्लोरीन

(ग) सर्वाधिक अभिक्रियाशील हैलोजन है—फ्लोरीन

(घ) सर्वाधिक ऑक्सीकारक हैलोजन है—आयोडीन

258. सौर सेल (Solar Cell) में रहता है ?

(क) Cs (ख) Si

(ग) Sn (घ) Ti

259. निम्नलिखित में किसकी विलेयता जल में सर्वाधिक है ?

(क) $NH_3$ (ख) $PH_3$

(ग) $AsH_3$ (घ) $SbH_3$

260. निम्नलिखित में से सर्वाधिक क्वथनांक किसका है ?

(क) $NH_3$ (ख) $PH_3$

(ग) $AsH_3$ (घ) $SbH_3$

261. अभिक्रिया $4P + 3\,NaOH + 3H_2O \rightarrow PH_3 + 3\,NaH_2\,PO_2$ में

(क) फॉस्फोरस ऑक्सीकृत हुआ है

(ख) फॉस्फोरस ऑक्सीकृत एवं अवकृत दोनों हुआ है

(ग) फॉस्फोरस अवकृत हुआ है

(घ) सोडियम ऑक्सीकृत हुआ है

उत्तर के लिए कृपया पृष्ठ सं. 152 देखें।

262. निम्नलिखित में से कौन $H_2O$ को ऑक्सीजन में ऑक्सीकृत करता है ?
(क) क्लोरीन (ख) फ्लोरीन
(ग) ब्रोमीन (घ) आयोडीन

263. ब्लीचिंग पाउडर की ब्लीचिंग क्रिया में मुक्त होती है ?
(क) क्लोरीन (ख) आण्विक ऑक्सीजन
(ग) नवजात ऑक्सीजन (घ) कैल्सियम कार्बोनेट

264. अभिक्रिया $Ar\,NH_2 \xrightarrow{NaNO_2+HCl} A \xrightarrow{Cu\,Br} B$ में यौगिक B है ?
(क) Ar - Br (ख) $Ar - NO_2$
(ग) Ar - Cl (घ) Ar - Ar

265. निम्नलिखित में से कौन अवयवों की सीधी अभिक्रिया से प्राप्त नहीं होता ?
(क) $XeF_2$ (ख) $Xe\,F_4$
(ग) $Xe\,O_3$ (घ) $Xe\,F_6$

266. फ्लोरीन निम्नलिखित में किसके साथ रासायनिक यौगिक बनाता है ?
(क) He (ख) Ne
(ग) Ar (घ) Xe

267. क्षारीय मृदा धातुओं में कौन सर्वाधिक प्रबल अपचायक है ?
(क) Ca (ख) Sr
(ग) Ba (घ) Mg

268. KF और HF के संयोजन से $KHF_2$ बनता है। इस यौगिक में उपस्थित है ?
(क) $K^+$, $F^-$ और $H^+$ (ख) $K^+$, $F^-$ और HF
(ग) $K^+$ और $[HF_2]^-$ (घ) $[KHF]^+$ और F

269. कौन सा हैलाइड न्यूनतम स्थायी (Least Stable) है, जिसका अस्तित्व संदेहात्मक है ?
(क) $SiI_4$ (ख) $GeI_4$
(ग) $SnI_4$ (घ) $PbI_4$

270. क्षार धातुओं के संयोजकता कोश का इलेक्ट्रॉनिक विन्यास
(क) इसका विद्युतधनात्मक गुण है
(ख) इसकी अधातुओं के प्रति बंधुता है

उत्तर के लिए कृपया पृष्ठ सं. 152 देखें।

(ग) इसकी प्रोटान संख्या का द्योतक है

(घ) इसकी परमाणु संख्या का द्योतक है

271. क्षार धातुओं के संयोजकता कोश का इलेक्ट्रॉनिक विन्यास होता है ?

(क) $ns^2 np^1$ (ख) $ns^1$

(ग) $(n-1) p^6 ns^2$ (घ) $(n-1) d^2 ns_2$

272. निम्नलिखित में किस उत्कृष्ट गैस के बाह्यतम कोश में इलेक्ट्रॉनों का अष्टक नहीं है ?

(क) Ne (ख) Rn

(ग) Ar (घ) He

273. किसी तत्त्व का परमाणु क्रमांक 11 है। इसके ऑक्साइड का गुण होगा ?

(क) अम्लीय (ख) क्षारीय

(ग) अम्लीय एवं क्षारीय (घ) उदासीन

274. निम्न में से कौन क्षारीय मृदा धातुएँ हैं ?

(क) Li, Be, K, Mg, Ca

(ख) Be, Mg, Ca, Sr, Ba

(ग) Be, K, Mg, Ca, Sr

(घ) Be, Mg, Ca, K, Rb

275. सोडियम कार्बोनेट का औद्योगिक निर्माण किस प्रकार से होता है ?

(क) सीसा कक्ष विधि द्वारा (ख) हैबर विधि द्वारा

(ग) साल्वे विधि द्वारा (घ) केस्नर विधि द्वारा

276. सल्फर का आण्विक सूत्र है ?

(क) S (ख) $S_2$

(ग) $S_4$ (घ) $S_8$

277. सोडियम कार्बोनेट के औद्योगिक निर्माण की विधि को क्या कहते हैं ?

(क) केस्नर प्रक्रम (ख) हैबर प्रक्रम

(ग) लीब्लांक प्रक्रम (घ) कक्ष प्रक्रम

278. प्लास्टर ऑफ पेरिस (Plaster of Paris) में होता है ?

(क) $CaSO_4 . 2H_2O$ (ख) $MgSO_4 . 7H_2O$

(ग) $KCl . MgCl_2 . 6H_2O$ (घ) $CaSO_4 . \frac{1}{2} H_2O$

उत्तर के लिए कृपया पृष्ठ सं. 152 देखें।

279. ब्लीचिंग पाउडर के लिए कौन सा कथन गलत है ?
(क) तनु अम्ल से क्रिया करके क्लोरीन निकालता है
(ख) ऑक्सीकारक है
(ग) हलके पीले रंग का पाउडर है
(घ) जल में अत्यधिक घुलनशील है

280. निम्नलिखित में कौन सा बाह्यतम इलेक्ट्रॉनिक विन्यास हैलोजन तत्त्व को प्रदर्शित करता है ?
(क) $sp^3$ (ख) $s^2p^6$
(ग) $s^2p^4$ (घ) $s^2p^5$

281. निम्नलिखित में से कौन विघटित होकर आसानी से $H^+$ प्रदान करता है ?
(क) $H_2O$ (ख) $H_2S$
(ग) $H_2Te$ (घ) $H_2Se$

282. $H_2O_2$ निम्नलिखित को ऑक्सीकृत कर देगा ?
(क) $KMnO_4$ (ख) $BaSO_4$
(ग) $MnO_2$ (घ) $H_2S$

283. क्षार धातुओं के गलनांक उनके परमाणु भार बढ़ने के साथ-साथ ?
(क) बढ़ते हैं (ख) घटते हैं
(ग) स्थिर रहते हैं
(घ) निश्चित क्रम प्रदर्शित नहीं करते

284. He, Ar, Kr और Xe में से कौन सा तत्त्व सबसे कम संख्या में यौगिक बनाता है ?
(क) He (ख) Ar
(ग) Kr (घ) Xe

285. पंचम वर्ग में कौन सा तत्त्व हाइड्रोजन के साथ सर्वाधिक क्षारीय यौगिक बनाता है ?
(क) N (ख) Bi
(ग) As (घ) P

286. फॉस्फोरस के एक ऑक्सीअम्ल का सूत्र $H_3PO_4$ है। यह है ?
(क) द्विक्षारकीय अम्ल (ख) एक क्षारकीय अम्ल
(ग) त्रिक्षारकीय अम्ल (घ) चतु:क्षारकीय अम्ल

उत्तर के लिए कृपया पृष्ठ सं. 152 देखें।

287. एक तत्त्व $XCl_3$, $X_2O_5$ और $Ca_3X_2$ सूत्रवाले यौगिक बनाता है, लेकिन $XCl_5$ नहीं बनाता है। वह तत्त्व है ?

(क) B (ख) Al

(ग) N (घ) P

288. निम्नलिखित में से किस हाइड्राइड का क्वथनांक सबसे कम है ?

(क) $H_2O$ (ख) $H_2S$

(ग) $H_2Se$ (घ) $H_2Te$

289. क्षार धातुओं (M) की परमाणु त्रिज्याओं का क्रम है $Li < Na < K < Rb$, परंतु $M^+$ आयनों की त्रिज्याओं का क्रम जलीय विलयन में विपरीत— $Li^+ > Na^+ > K^+ > Rb^+$ विपरीत क्रम का कारण है (Li से Rb तक जाने में)—

(क) आयनन ऊर्जा में क्रमशः वृद्धि

(ख) धात्त्विक बंध की बढ़ती हुई दुर्बलता

(ग) विद्युत धनात्मक लक्षणों में वृद्धि

(घ) जलयोजन की मात्रा में क्रमशः कमी

290. निम्नांकित में से किसे $[Kr]\ 5s^2$ विन्यास द्वारा प्रदर्शित किया जा सकता है—

(क) Ca (ख) Sr

(ग) Ba (घ) Ra

291. Be (समूह-IIA) के संदर्भ में गलत कथन बताइए—

(क) वह आयनिक कार्बाइड बनाता है

(ख) उसका कार्बोनेट गरम करने पर अपघटित हो जाता है

(ग) इसके हैलाइड सहसंयोजक होते हैं

(घ) उस पर जल की क्रिया बहुत सरलता से होती है

292. $N^{3-}$, $O^{2-}$, $F^-$ एवं $Na^+$ आयनों में आयनिक त्रिज्याओं का क्रम है—

(क) $N^{3-} > O^{2-} > F^- > Na^+$

(ख) $N^{3-} > Na^+ > O^{2-} > F^-$

(ग) $Na^+ > O^{2-} > N^{3-} > F^-$

(घ) $O^{2-} > F^- > Na^+ > N^{3-}$

उत्तर के लिए कृपया पृष्ठ सं. 152 व 153 देखें।

293. बाह्य इलेक्ट्रॉनिक विन्यास $ns^2 np^6$ वाले तत्त्व हैं—

(क) क्षारीय मृदा धातुएँ (ख) संक्रमण तत्त्व

(ग) कैल्कोजीन (घ) उत्कृष्ट गैसें

294. क्षारीय धातुओं के निम्नांकित क्लोराइडों में स्थायित्व का क्रम है—

(क) Li Cl > K Cl > Na Cl > Cs Cl

(ख) Cs Cl > K Cl > Na Cl > Li Cl

(ग) Na Cl > K Cl > Li Cl > Cs Cl

(घ) K Cl > Ca Cl > Na Cl > Li Cl

295. किसी धातु M का इलेक्ट्रॉनिक विन्यास $1s^2 2s^2 2p^6 3s^1$ है। इसके ऑक्साइड का सूत्र होगा?

(क) MO (ख) $M_2O$

(ग) $M_2O_3$ (घ) $MO_2$

296. कक्ष ताप (Room Temperature) पर जल से अभिक्रिया करनेवाले निम्नांकित में से कौन सी धातु है?

(क) निकिल (ख) चाँदी

(ग) ताँबा (घ) सोडियम

297. क्षारीय मृदा धातुओं के यौगिकों की चुंबकीय प्रकृति निम्नांकित में से कौन सी होती है—

(क) प्रतिचुंबकीय (ख) अनुचुंबकीय

(ग) लौहचुंबकीय (घ) प्रतिलौहचुंबकीय

298. लीथियम कुछ गुणों में अन्य क्षार धातुओं से भिन्नता प्रदर्शित करता है, जिसका मुख्य कारण है ?

(क) Li परमाणु तथा Li आयन का छोटा आकार

(ख) Li की अत्यधिक उच्च विद्युत्धनात्मकता

(ग) Li की उच्च कठोरता

(घ) $Li^+$ आयन का जलयोजित होना

299. क्षारीय मृदा धातुओं में से वह तत्त्व जो अधिकतर सहसंयोजी यौगिक बनाता है?

(क) बेरियम (ख) स्ट्रांशियम

(ग) कैल्शियम (घ) बेरिलियम

उत्तर के लिए कृपया पृष्ठ सं. 153 देखें।

300. निम्नलिखित हैलोजनों में से कौन कमरे के ताप पर ठोस अवस्था में रहता है ?

(क) क्लोरीन (ख) आयोडीन
(ग) ब्रोमीन (घ) फ्लोरीन

301. निम्नलिखित में किसकी विद्युत् ऋणात्मकता सर्वोच्च है ?

(क) क्लोरीन (ख) फ्लोरीन
(ग) ऑक्सीजन (घ) नाइट्रोजन

302. तत्त्व जो अपरूपता दरशाता है ?

(क) एल्युमिनियम (ख) ताँबा
(ग) टिन (घ) सीसा

303. निम्न में कौन सा कथन क्षार धातु के लिए असत्य है ?

(क) Li प्रबलतम अपचायक है
(ख) Na की प्रकृति उभयधर्मी है
(ग) Li अलौकिक रूप से छोटा है
(घ) सभी क्षार धातुएँ द्रव अमोनिया में नीला विलयन देती हैं

304. कौन सी धातु नाइट्रोजन के साथ क्रिया करके सीधे नाइट्राइड बनाती है ?

(क) Li (ख) Na
(ग) K (घ) Rb

305. मैग्नीशियम का अयस्क (Ore) है ?

(क) एनहाइड्राइड (ख) फॉस्फोराइड
(ग) डोलोमाइट (घ) जिप्सम

306. पेड़-पौधों के हरे रंग के वर्णक (Pigment) 'क्लोरोफिल' में कौन सा धातु तत्त्व पाया जाता है ?

(क) Fe (ख) Mg
(ग) Na (घ) Al

307. भारत में विवाह के अवसर पर अकसर ऐसी आतिशबाजी का उपयोग होता है, जो हरी ज्वाला (Green Flame) देती है। उसमें निम्न में से कौन सा तत्त्व इसमें उपस्थित हो सकता है ?

(क) Na (ख) K
(ग) Ba (घ) Ca

उत्तर के लिए कृपया पृष्ठ सं. 153 देखें।

308. निम्न में से प्रबलतम क्षार है ?

(क) $NH_3$ (ख) $PH_3$

(ग) $AsH_3$ (घ) $SbH_3$

309. निम्न में से किसमें नाइट्रोजन का उच्च प्रतिशत होता है ?

(क) यूरिया (ख) अमोनियम सल्फेट

(ग) अमोनियम नाइट्रेट (घ) कैल्सियम नाइट्रेट

310. निम्न में से कौन सा तत्त्व केवल एक ऑक्सीकरण अवस्था प्रदर्शित करता है ?

(क) F (ख) Cl

(ग) Br (घ) I

311. विज्ञापन के लिए प्रयुक्त कलर डिस्चार्ज ट्यूब में कौन सी गैस होती है ?

(क) आर्गन (ख) निऑन

(ग) हीलियम (घ) जीनॉन

312. निम्नलिखित में कौन जल में अविलेय है ?

(क) $H_2S$ (ख) $HgCl_2$

(ग) $Ca(NO_3)_2$ (घ) $Ca F_2$

313. $PCl_3$ जल अपघटन (Hydrolysis) पर देता है ?

(क) $H_3PO_4$ (ख) $PO Cl_3$

(ग) $H_3 PO_3$ (घ) $PH_3$

314. सल्फ्यूरिक अम्ल का रासायनिक सूत्र है ?

(क) $H_2 SO_4$ (ख) $H_3SO_4$

(ग) $H_3PO_4$ (घ) इनमें से कोई नहीं

315. हैलोजनों के बाह्यतम कोश में कितने इलेक्ट्रॉन होते हैं ?

(क) 4 (ख) 7

(ग) 10 (घ) 13

316. शून्य समूह (Zero Group) के तत्त्वों के सामान्य गुण क्या हैं ?

(क) सभी रंगहीन होते हैं

(ख) सभी गंधहीन होते हैं

(ग) सभी एक-परमाण्विक गैसें हैं

(घ) उपर्युक्त सभी गुण

उत्तर के लिए कृपया पृष्ठ सं. 153 देखें।

317. किस वैज्ञानिक ने उत्कृष्ट गैसों के यौगिक बनाने के बहुत प्रयास किए तथा सन् 1962 में उन्हें सफलता भी मिली ?

(क) नील बार्टलेट (ख) रॉबर्ट हुक

(ग) रॉबर्ट ब्राउन (घ) इनमें से कोई नहीं

318. जेनॉन एक निष्क्रिय गैस है। इसके यौगिकों $XeF_2$, $XeF_4$, $XeF_6$ और $XeF_8$ में अधिक स्थायी कौन हैं ?

(क) $XeF_2$ और $XeF_6$ (ख) $XeF_2$ और $XeF_4$

(ग) $XeF_2$ और $XeF_8$ (घ) $XeF_4$ और $XeF_8$

319. बेरीलियम (Be) के संबंध में क्या सत्य है ?

(क) बेरीलियम परमाणु का आकार समूह में सबसे छोटा है

(ख) बेरीलियम कठोर धातु है, जबकि अन्य धातुएँ कोमल होती हैं

(ग) बेरीलियम के यौगिक सामान्यत: सहसंयोजी होते हैं

(घ) उपर्युक्त सभी

320. सामान्य व्यवहारवाले वे तत्त्व, जिनके केवल बाह्यतम कोश ही अपूर्ण होते हैं, क्या कहलाते हैं ?

(क) संक्रमण तत्त्व (ख) प्रतिनिधि तत्त्व

(ग) मृदा धातुएँ (घ) इनमें से कोई नहीं

321. इनमें क्षार धातुओं के उदाहरण हैं ?

(क) लीथियम (Li) (ख) सोडियम (Na)

(ग) पोटैशियम (K) (घ) उपर्युक्त सभी

322. सभी क्षार धातुएँ द्रव अमोनिया में घुलकर किस रंग का विलयन बनाती हैं ?

(क) गहरे नीले रंग का (ख) गहरे पीले रंग का

(ग) गहरे काले रंग का (घ) गहरे भूरे रंग का

323. आवर्त सारणी के S-ब्लॉक के समूह 2 में बेरीलियम, मैग्नीशियम, कैल्सियम, स्ट्रांशियम, बेरियम और रेडियम हैं। इन तत्त्वों को क्षारीय मृदा धातुएँ कहते हैं, क्योंकि—

(क) ये पृथ्वी में पाए जाते हैं तथा क्षारीय प्रकृति के हैं

(ख) इनके ऑक्साइड जल से क्रिया करके हाइड्रोक्साइड बनाते हैं, जो क्षारीय प्रकृति के होते हैं

उत्तर के लिए कृपया पृष्ठ सं. 153 देखें।

(ग) (Ca, Sr, Ba) के ऑक्साइड इन तत्त्वों से पहले ज्ञात थे और उन्हें क्षारीय मृदा (Alkaline Earth) कहा जाता था, क्योंकि ये पृथ्वी में पाए जाते हैं

(घ) उपर्युक्त सभी गुण के कारण

324. लीथियम कार्बोनेट ($Li_2CO_3$) अधिक गरम करने पर वह विघटित हो जाता है। इसे निम्नलिखित रासायनिक अभिक्रिया द्वारा व्यक्त किया जा सकता है ?

(क) $4\,LiNO_3 \xrightarrow{\Delta} 2\,Li_2O + 4\,NO_2 + O_2$

(ख) $Li_2CO_3 \xrightarrow{\Delta} Li_2O + CO_2$

(ग) $2\,LiOH \xrightarrow{\Delta} Li_2O + H_2O$

(घ) इनमें से कोई नहीं

325. क्षारीय मृदा धातुओं, उनके ऑक्साइडों, हाइड्रॉक्साइडों या कार्बोनेटों पर किसकी अभिक्रिया कराने पर सल्फेट बनते हैं ?

(क) $H_2SO_4$ (ख) $H_2O_2$

(ग) CaO (घ) MgO

326. कार्बन के कितने क्रिस्टलीय अपररूप हैं ?

(क) 8 (ख) 6

(ग) 4 (घ) 2

327. भूपटल (Earth's Crust) का कितना प्रतिशत भाग सिलिकेट खनिजों द्वारा बना होता है ?

(क) 95 प्रतिशत भाग (ख) 26 प्रतिशत भाग

(ग) 30 प्रतिशत भाग (घ) 36 प्रतिशत भाग

328. इनमें नाइट्रोजन परिवार के तत्त्व कौन कहलाते हैं ?

(क) N, P, As, Sb, Bi (ख) Na, K, N, P,

(ग) N, P, As, C, O (घ) इनमें से कोई नहीं

329. फॉस्फोरिक अम्ल का सूत्र है ?

(क) $H_2SO_4$ (ख) $H_3SbO_4$

(ग) HCl (घ) $H_3PO_4$

उत्तर के लिए कृपया पृष्ठ सं. 153 देखें।

330. सेलेनियम तत्त्व का उपयोग फोटोइलेक्ट्रिक सेल तथा अर्द्ध-चालक (Semi Conductor) युक्तियों में दिष्टकारी (Rectifier) के रूप में होता है, इसका संकेत है ?

(क) S (ख) Se

(ग) Sel (घ) इनमें से कोई नहीं

331. 'हैलोजन' शब्द ग्रीक भाषा से लिया गया है, जिसका अर्थ होता है ?

(क) पानी बनानेवाला (ख) अम्ल बनानेवाला

(ग) लवण बनानेवाला (घ) उपर्युक्त सभी

332. हैलोजन काफी सक्रिय तत्त्व होते हैं। ये लगभग सभी धातुओं और अधातुओं से विभिन्न परिस्थितियों में विभिन्न यौगिक बनाते हैं। ये यौगिक क्या कहलाते हैं ?

(क) हैलाइड (ख) फ्लोराइड

(ग) मैग्नेटाइट (घ) सल्फेट

333. हाइड्रोजन के कितने समस्थानिक (Isotopes) ज्ञात हैं ?

(क) 12 (ख) 9

(ग) 6 (घ) 3

334. इनमें किसका उपयोग अर्द्धचालक (Semi Conductor) के रूप में होता है ?

(क) सिलिकॉन (ख) हीलियम

(ग) आर्गन (घ) इनमें से कोई नहीं

335. हैलोजन p ब्लॉक के तत्त्व हैं तथा इनका इलेक्ट्रॉनिक विन्यास (Electornic Configuration) होता है—

(क) $ns^2\ np^4$ (ख) $ns^2\ np^5$

(ग) $ns^2\ np^6$ (घ) $ns^2\ np^3$

## महत्त्वपूर्ण बहुविकल्पीय प्रश्नों के संकेत

$(NH_4)_2\ Cr_2\ O_7 \longrightarrow Cr_2\ O_3 + 4 + H_2O + N_2$

Be और Al दोनों की विद्युत् ऋणता 1.5 है।

d कक्षकों की अनुपस्थिति के कारण नाइट्रोजन तत्त्व पेंटा हैलाइड नहीं बनाता।

उत्तर के लिए कृपया पृष्ठ सं. 153 देखें।

$NH_3$, $PH_3$, $AsH_3$ और $SbH_3$ में $NH_3$ प्रबल क्षार है। P, As और Sb की कम विद्युत् ऋणता और बड़े आकार के कारण $PH_3$, $AsH_3$ और $SbH_3$ में हाइड्रोजन बंध (Hydrogen bond) नहीं पाया जाता।

$PCl_3$ का जल अपघटन—

$PCl_3 + {}_3H_2O \qquad H_3PO_3 + {}_3HCl$

236. (ख) यह हैलोजन के समान गुण दर्शाता है।

238. (क) $(NH_4)_2Cr_2O_7 \xrightarrow{\Delta} Cr_2O_3 + 4H_2O + N_2$ है

246. (क) Be और Al दोनों की विद्युत ऋणात्मकता 1.5 है।

287. (ग) d कक्षकों की अनुपस्थिति के कारण नाइट्रोजन तत्त्व $XCl_5$ की तरह का पेंटा हैलाइड नहीं बनाता।

313. (ग) $PCl_3$ का जल अपघटन

$$PCl_3 + 3H_2O \longrightarrow H_3PO_3 + 3HCl$$

□

5

# कार्बन और उसके यौगिक

## (CARBON AND ITS COMPOUND)

336. दो पदार्थों को पृथक् करने की प्रभाजी क्रिस्टल विधि (Fractional Crystallisation) किसके अंतर पर निर्भर करती है ?

(क) घनत्व (ख) वाष्पशीलता

(ग) विलेयता (घ) क्रिस्टलीय आकार

337. एक बोतल में दो अमिश्रणीय द्रव हैं। इनको पृथक् करने की विधि क्या है ?

(क) प्रभाजक स्तंभ (ख) पृथक्कारी फलन

(ग) प्रभाजी आसवन (घ) भाप आसवन

338. ऐनिलीन को साधारणतया इस विधि से शुद्ध किया जाता है।

(क) भाप आसवन (ख) साधारण आसवन

(ग) कम दाब पर आसवन (घ) ऊर्ध्वपातन

339. ग्लिसरॉल कुछ विघटन के साथ 290°C पर उबलता है। अशुद्ध ग्लिसरॉल को कैसे शुद्ध किया जा सकता है :

(क) भाप आसवन द्वारा (ख) साधारण आसवन द्वारा

(ग) निर्वात आसवन द्वारा (घ) विलायक निष्कर्षण द्वारा

340. कार्बनिक यौगिकों की शुद्धता के अनेक लक्षण हैं। निम्न में से कौन सा सर्वोत्तम माना जाता है ?

(क) गलनांक (ख) मिश्रित गलनांक

(ग) सूक्ष्मदर्शी द्वारा निरीक्षण (घ) रंग

उत्तर के लिए कृपया पृष्ठ सं. 153 व 154 देखें।

341. निम्न में से किस मिश्रण को प्रभाजी आसवन (Fractional Distillation) द्वारा उसके घटकों में अलग किया जा सकता है ?
(क) बेंजीन-टॉल्वीन
(ख) जल-एथिल ऐल्कोहल
(ग) जल-नाइट्रिक अम्ल
(घ) जल-हाइड्रोक्लोरिक अम्ल

342. कागज वर्ण लेखन (Paper Chromatography) में :
(क) गतिशील प्रावस्था द्रव तथा स्थिर प्रावस्था ठोस होती है
(ख) गतिशील प्रावस्था ठोस तथा स्थिर प्रावस्या द्रव होती है
(ग) दोनों प्रावस्थाएँ द्रव होती हैं
(घ) दोनों प्रावस्थाएँ ठोस होती हैं

343. लैसेग्ने परीक्षण में नीला या हरा रंग प्राप्त होता है। इस यौगिक के बनने के क्या कारण होते हैं ?
(क) NaCN (ख) $Na_4 [Fe(CN)_6]$
(ग) $Fe_4 [Fe(CN)_6]_4$ (घ) $Fe_4 [Fe(CN)_6]_3$

344. लैसेग्ने परीक्षण में रक्तिम लाल रंग का बनना किसकी उपस्थिति दरशाता है ?
(क) नाइट्रोजन (ख) सल्फर
(ग) नाइट्रोजन और सल्फर (घ) सल्फर और आयोडीन

345. लैसेग्ने का परीक्षण किया जाता है—
(क) नाइट्रोजन की पहचान करने के लिए
(ख) कार्बनिक यौगिकों की शुद्धता की जाँच के लिए
(ग) कार्बनिक यौगिकों में ऐल्कोहल समूह की पहचान के लिए
(घ) कार्बनिक यौगिकों में त्रिबंध (Triple Bond) की जाँच के लिए

346. S, N या हैलोजन युक्त यौगिक को सोडियम के साथ गरम करने पर—
(क) यौगिक की विलेयता बढ़ जाती है
(ख) यौगिक का गलनांक बढ़ जाता है
(ग) S, N या हैलोजन तत्त्व सोडियम से अभिक्रिया करके आयनिक यौगिकों में परिवर्तित हो जाते हैं
(घ) इनमें से कोई नहीं

उत्तर के लिए कृपया पृष्ठ सं. 154 देखें।

347. हैलोजन के परीक्षण से पूर्व सोडियम निष्कर्ष में सांद्र $HNO_3$ मिलाकर गरम करने का क्या कारण है?

(क) सिल्वर हैलाइड $HNO_3$ से अभिक्रिया करते हैं

(ख) NaCN और $Na_2S$ अपघटित हो जाते हैं

(ग) AgCN, $HNO_3$ में विलेय है

(घ) सिल्वर सल्फाइड $HNO_3$ में विलेय है

348. कार्बनिक यौगिकों के गुणात्मक विश्लेषण के लैसेग्ने परीक्षण में सोडियम नाइट्रोप्रुसाइड के साथ बैंगनी रंग किसकी उपस्थिति प्रकट करता है?

(क) नाइट्रोजन (ख) गंधक

(ग) ऑक्सीजन (घ) हैलोजन

349. नाइट्रोजन और सल्फर का एकसाथ गुणात्मक परीक्षण करने में रक्तिम लाल रंग का यौगिक क्या है?

(क) $Fe_4 [Fe(CN)_6]_2$ (ख) $Fe (SCN)_3$

(ग) KSCN (घ) $Na_2S.\ NaCN$

350. किसी कार्बनिक यौगिक में सल्फर के नाइट्रोप्रुसाइड परीक्षण में कौन सा रंग आता है?

(क) लाल (ख) हरा

(ग) बैंगनी (घ) नीला

351. निम्नलिखित में से किस यौगिक में नाइट्रोजन का लैसेग्ने परीक्षण नहीं किया जा सकता?

(क) $C_6H_5NH_2$ (ख) $CH_3CONH_2$

(ग) $NH_2—NH_2$ (घ) $CH_3NO_2$

352. एक कार्बनिक यौगिक में नाइट्रोजन तथा सल्फर तत्त्व उपस्थित हैं। इसका सोडियम के साथ संगलन करने पर सोडियम निष्कर्ष में कौन से यौगिक बनते हैं?

(क) थायोसायनेट (ख) सायनाइड तथा सल्फाइड

(ग) सल्फाइट तथा सायनाइड (घ) नाइट्रेट तथा सायनाइड

353. जेल्डाल विधि का उपयोग निम्न में से किसके आकलन में होता है?

(क) गंधक (ख) नाइट्रोजन

(ग) हैलोजन (घ) ऑक्सीजन

उत्तर के लिए कृपया पृष्ठ सं. 154 देखें।

354. कार्बनिक यौगिक में उपस्थित हैलोजन की मात्रा ज्ञात करते हैं, उसे—

(क) $H_2SO_4$ में बदलकर
(ख) उसे AgX में बदलकर
(ग) उससे $SO_2$ में बदलकर
(घ) उसे $H_2S$ में बदलकर

355. एक यौगिक, जिसका मूलानुपाती सूत्र $C_2H_5O$ है, का अणुभार 90 है। यौगिक का सूत्र है—

(क) $C_4H_{10}O_2$
(ख) $C_2H_5O$
(ग) $C_3H_6O_3$
(घ) $C_5H_{14}O$

356. कार्बनिक यौगिक में सल्फर की मात्रा ज्ञात करते हैं, उसे

(क) $H_2S$ में बदलकर
(ख) $C_2H_5O$ में बदलकर
(ग) $SO_2$ में बदलकर
(घ) $H_2SO_4$ में बदलकर

357. हैलोजनों के आकलन की केरियस विधि में किस अभिकर्मक का उपयोग होता है?

(क) $HNO_3$ और HCl
(ख) $HNO_3$ और $H_2SO_4$
(ग) सधूम $HNO_3$ और $BaCl_2$
(घ) सधूम $HNO_3$ और $AgNO_3$

358. एक यौगिक का सरलतम सूत्र $CH_2$ है। यौगिक के एक मोल का भार 42 ग्राम है। अणुसूत्र है—

(क) $CH_2$
(ख) $C_2H_2$
(ग) $C_3H_6$
(घ) $C_3H_8$

359. कौन सा यौगिक तेलीय विन्टरग्रीन कहलाता है?

(क) फेनिल बेन्जोएट
(ख) मेथिल सेलिसिलेट
(ग) फेनिल एसिटेट
(घ) फेनिल सेलिसिलेट

360. केरियस नली में $ClCH_2COOH$ को सधूम $HNO_3$ तथा $AgNO_3$ के साथ गरम किया जाता है। छानने तथा धोने के बाद एक सफेद अवक्षेप प्राप्त होता है। यह अवक्षेप क्या है?

(क) $AgNO_3$
(ख) $Ag_2SO_4$
(ग) AgCl
(घ) $ClCH_2COOAg$

उत्तर के लिए कृपया पृष्ठ सं. 154 देखें।

361. ड्यूमा विधि से कार्बनिक यौगिक में नाइट्रोजन के आकलन में अंत में कौन सी गैस एकत्रित होती है ?

(क) $N_2$ (ख) NO
(ग) $NH_3$ (घ) इनमें से कोई नहीं

362. एक पदार्थ में 80 प्रतिशत कार्बन तथा 20 प्रतिशत हाइड्रोजन है। वह पदार्थ होगा :

(क) $C_6H_6$ (ख) $C_2H_5OH$
(ग) $C_2H_6$ (घ) $CHCl_3$

363. एक मोल $C_3H_6$ को $O_2$ के आधिक्य साथ पूर्णतः दहन करने पर पानी के कितने मोल बनेंगे ?

(क) 2 (ख) 3
(ग) 4 (घ) इनमें से कोई नहीं

364. एक मोल एथिलीन को $O_2$ के आधिक्य में पूर्ण दहन से जो $CO_2$ उत्पन्न होती है, उसका आयतन सामान्य ताप तथा दाब (NTP) पर होता है—

(क) 22.4 लीटर (ख) 44.8 लीटर
(ग) 2.24 लीटर (घ) 67.2 लीटर

365. एक कार्बनिक यौगिक में C=39.9 प्रतिशत, H=6.7 प्रतिशत, O=53.4 प्रतिशत पाए गए। इसका मूलानुपाती सूत्र क्या होगा ?

(क) CHO (ख) $CHO_2$
(ग) $CH_2O_2$ (घ) $CH_2O$

366. ग्लिसरीन का शोधन किया जाता है—

(क) निर्वात आसवन द्वारा
(ख) भाप आसवन द्वारा (Steam Distillation)
(ग) प्रभाजित आसवन द्वारा (Fractional Distillation)
(घ) साधारण आसवन द्वारा

367. सोडियम निष्कर्ष में फेरिक क्लोराइड मिलाने से लाल रंग प्राप्त होना क्या दरशाता है ?

(क) नाइट्रोजन (ख) सल्फर
(ग) क्लोरीन (घ) नाइट्रोजन तथा सल्फर

368. एक यौगिक में भार की दृष्टि से C : H : O = 4 : 1 : 5 है, तो उसका

उत्तर के लिए कृपया पृष्ठ सं. 154 देखें।

मूलानुपाती सूत्र होगा—

(क) $C_2HO$ (ख) $C_5H_4O_4$

(ग) $CH_4O_2$ (घ) $CH_3O$

369. लैसेग्ने परीक्षण किया जाता है—

(क) दिए गए कार्बनिक यौगिक की शुद्धता ज्ञात करने के लिए

(ख) दिए गए कार्बनिक यौगिक में नाइट्रोजन की उपस्थिति ज्ञात करने के लिए

(ग) दिए गए कार्बनिक यौगिक में असंतृप्तता के परीक्षण करने के लिए

(घ) इनमें से किसी के लिए नहीं

370. एक हाइड्रोकार्बन का सरल सूत्र $CH_2O$ है। इसका वाष्प घनत्व 30 है। इसका अणुसूत्र है ?

(क) $C_2H_4O_2$ (ख) $C_2H_6O$

(ग) $C_2H_6O_2$ (घ) $C_2H_4O$

371. एल्डाल संघनन में बनने वाला पदार्थ है—

(क) एक $\alpha$, $\beta$ असंतृप्त एस्टर

(ख) एक $\beta$ हाइड्रक्सी एल्डिहाइड या हाइड्रक्सी कीटोन

(ग) एक $\beta$ हाइड्रक्सी अम्ल

(घ) एक $\alpha$ हाइड्रक्सी एल्डिहाइड

372. गंधक के नाइट्रोप्रुसाइड परीक्षण में किस प्रकार का रंग आता है ?

(क) लाल (ख) पीला

(ग) हरा (घ) बैंगनी

373. टोलेन अभिकर्मक है (Tollen's Reagest) ?

(क) अमोनिकृत सिल्वर नाइट्रेट विलयन

(ख) क्षारीय मर्क्युरिक क्लोराइड विलयन

(ग) अमोनियम नाइट्रेट विलयन

(घ) क्षारीय पोटेशियम परमैगनेट विलयन

374. एक संतृप्त हाइड्रोकार्बन (Saturated Hydrocarbon) के विश्लेषण से पता चलता है कि इसमें 83.70 प्रतिशत कार्बन एवं 16.30 प्रतिशत हाइड्रोजन है, तो इसका मूलानुपाती सूत्र होगा—(C=12, H=1)

(क) $C_3H_6$ (ख) $C_2H_6$

(ग) $C_3H_7$ (घ) $C_6H_{12}$

375. एक हाइड्रोकार्बन में C=85.72 प्रतिशत तथा शेष H है। यह हाइड्रोकार्बन है—

उत्तर के लिए कृपया पृष्ठ सं. 154 देखें।

(क) $C_2H_4$ (ख) $C_2H_6$

(ग) $C_2H_2$ (घ) $CH_4$

376. एक कार्बनिक यौगिक के 64 ग्राम में 24 ग्राम कार्बन, 8 ग्राम हाइड्रोजन एवं शेष ऑक्सीजन है। यौगिक का सरल सूत्र है?

(क) $CH_2O$ (ख) $C_2H_4O$

(ग) $CH_4O$ (घ) $C_2H_8O_2$

377. एक यौगिक का सरल सूत्र $CH_2$ है। इस यौगिक के एक अणु का भार 42 ग्राम है। इसका अणुसूत्र है—

(क) $CH_2$ (ख) $C_2H_2$

(ग) $C_3H_8$ (घ) $C_3H_6$

378. एक हाइड्रोकार्बन का, जिसमें 80 प्रतिशत कार्बन तथा 20 प्रतिशत हाइड्रोजन है, उसका मूलानुपाती सूत्र है?

(क) CH (ख) $CH_2$

(ग) $CH_3$ (घ) $CH_4$

379. मीथेन ($CH_4$) में H–C–H बंध कोण (Bond angle) होता है?

(क) $100.5^\circ$ (ख) $109.0^\circ$

(ग) $109.28^\circ$ (घ) $180^\circ$

380. सबसे कम परमाणुवाला ऐल्केन, जो समावयवता (Isomerism) प्रदर्शित करता है, उसमें कार्बन परमाणुओं की संख्या कितनी है?

(क) 2 (ख) 3

(ग) 4 (घ) 5

381. अणुसूत्र $C_2H_2Br_2$ के कितने समावयवी (Isomers) संभव हैं?

(क) 1 (ख) 2

(ग) 3 (घ) 0

382. निम्नलिखित में से कौन सा यौगिक ज्यामितीय समावयवता (Geometrical Isomerism) प्रदर्शित करता है?

(क) ब्यूटीन-2 (ख) एथीन

(ग) प्रोपेन (घ) प्रोपीन

383. $C_4H_8$ वाली ऐल्कीन के अधिकतम समावयवियों की संख्या कितनी है?

उत्तर के लिए कृपया पृष्ठ सं. 154 देखें।

(क) 2 (ख) 3

(ग) 4 (घ) 5

384. एथेनॉल (Ethanol) का एक समावयवी है :

(क) मेथेनॉल (ख) डाइमेथिल ईथर

(ग) डाइएथिल ईथर (घ) एथिलीन ग्लाइकॉल

385. निम्न में से ज्यामितीय समावयवता प्रदर्शित करती है :

(क) 2-ब्यूटीन (ख) 2-ब्यूटाइन

(ग) 2-ब्यूटेनॉल (घ) ब्यूटेनल

386. निम्न में से किसकी क्रियाशीलता सर्वाधिक है ?

(क) $C_2H_2$ (ख) $CH_4$

(ग) $C_2H_4$ (घ) $C_2H_6$

387. $C_4H_{10}O$ के समावयवी ऐल्कोहलों की संख्या होती है ?

(क) 1 (ख) 2

(ग) 3 (घ) 4

388. $C_6H_{10}$ के समावयवियों की संख्या कितनी होती है ?

(क) 4 (ख) 5

(ग) 6 (घ) 7

389. निम्न में से कौन प्रकाशिक समावयवता (Optical Isomerism) प्रदर्शित करता है ?

(क) ब्यूटेनॉल-1 (ख) ब्यूटेनॉल-2

(ग) ब्यूटीन-1 (घ) ब्यूटीन-2

390. पी.वी.सी. निम्न में से किसका बहुलक (Polymer) है ?

(क) एथिलीन (ख) विनाइल क्लोराइड

(ग) ऐसीटिलीन (घ) प्रोपीन

391. निम्न में से किसमें अम्लीय हाइड्रोजन परमाणु उपस्थित है ?

(क) $C_2H_2$ (ख) $C_6H_6$

(ग) $C_2H_4$ (घ) $C_2H_6$

392. क्लोरोमेथेन की संरचना होती है ?

(क) चतुष्फलक (ख) त्रिकोणीय

(ग) रैखिक (घ) षटकोणीय

उत्तर के लिए कृपया पृष्ठ सं. 154 व 155 देखें।

393. एल्युमिनियम कार्बाइड से बननेवाले हाइड्रोकार्बन का नाम है ?
(क) ऐथेन (ख) ऐसीटिलीन
(ग) मीथेन (घ) एथीन

394. कैल्सियम कार्बाइड का जल-अपघटन होने पर कौन सा यौगिक बनता है ?
(क) ऐसीटिलीन (ख) मीथेन
(ग) ऐथिलीन (घ) एथिलीन ग्लाइकॉल

395. पेट्रोलियम के निम्नलिखित प्रभाजों में सबसे निम्न क्वथनांकवाला प्रभाज है
(क) केरोसीन तेल (ख) डीजल
(ग) गैसोलीन (घ) भारी तेल

396. ईंधन का अपस्फोटक गुण बढ़ाने के लिए निम्न में से क्या मिलाया जाता है ?
(क) $PbBr_2$ (ख) ZnBr
(ग) PbO (घ) TEL (Tetra Ethyl Lead)

397. एथिलीन किस श्रेणी का सदस्य है ?
(क) ऐल्काइन (ख) ओलिफिन
(ग) पैराफिन (घ) ऐमीन

398. ठोस मीथेन है एक :
(क) आण्विक ठोस (ख) आयनिक ठोस
(ग) सह-संयोजक ठोस (घ) संभव नहीं

399. ऐल्केन का सामान्य सूत्र है ?
(क) $C_nH_{2n}$ (ख) $C_nH_{2n+2}$
(ग) $C_nH_{2n-2}$ (घ) $C_nH_2n+1$

400. मेथिल मैग्नीशियम ब्रोमाइड पर $H_2O$ की क्रिया द्वारा हमें प्राप्त होता है—
(क) $CH_4$ (ख) $CH_2O$
(ग) $CH_3OH$ (घ) $C_2H_5OH$

401. टेट्राएथिल लेड (TEL) किस रूप में प्रयुक्त होता है ?
(क) अग्निशामक (ख) पीड़ा विनाशक
(ग) पेट्रोलियम योगशील (घ) मच्छर प्रतिकर्षी

402. बेयर अभिकर्मक (Bayer's Reagent) है :

उत्तर के लिए कृपया पृष्ठ सं. 155 देखें।

(क) क्षारीय $KMnO_4$ (ख) अमोनियामय $AgNO_3$
(ग) अमोनियामय $CuSO_4$ (घ) अम्लीय $CuSO_4$

403. इनमें से किसमें कार्बन-कार्बन बंध की लंबाई न्यूनतम होती है ?
(क) एथेन (ख) एथाइन
(ग) एथीन (घ) एथेनॉल

404. मीथेन और एथेन, दोनों किसके एक पद अभिक्रिया द्वारा प्राप्त की जा सकती हैं ?
(क) $CH_3I$ (ख) $C_2H_5I$
(ग) $CH_3OH$ (घ) $C_2H_5OH$

405. निम्न में से कौन ऐल्केन है ?
(क) $C_5H_8$ (ख) $C_8H_6$
(ग) $C_9H_{10}$ (घ) $C_7H_{16}$

406. एथिलीन में आसानी से होता है ?
(क) योग (ख) प्रतिस्थापन
(ग) विलोपन (घ) पुनर्विन्यास

407. $—C \equiv C—$ मूलक निम्न में से किसमें उपस्थित है ?
(क) एथीन (ख) ब्यूटिलीन
(ग) एथाइन (घ) ग्लिसरीन

408. प्रोपीन तथा प्रोपाइन में विभेद करने के लिए प्रयुक्त अभिकर्मक है ?
(क) ब्रोमीन (ख) क्षारीय $KMnO_4$
(ग) अमोनिकल $AgNO_3$ (घ) ओजोन

409. निम्नलिखित में से कौन सा पेट्रोलियम, के प्रभाजी आसवन से, न्यूनतम ताप पर प्राप्त होता है ?
(क) लिग्रोइन (ख) गैसोलीन
(ग) केरोसीन (घ) डीजल ऑयल

410. क्लोरोफार्म से प्राप्त किया जा सकता है ?
(क) मेथेनॉल (ख) मेथेनल
(ग) प्रोपेनॉल-1 (घ) उपर्युक्त सभी

411. पिक्रिक अम्ल बनाने में प्रयुक्त होता है ?

उत्तर के लिए कृपया पृष्ठ सं. 155 देखें।

(क) क्लोरोबेंजीन (ख) डाइक्लोरोबेंजीन
(ग) ट्राइक्लोरोबेंजीन (घ) ऐनिलीन

412. गैमेक्सिन है ?
(क) $C_6H_5Cl$ (ख) $C_6H_3Cl_3$
(ग) $C_6H_2Cl_4$ (घ) $C_6H_6Cl_6$

413. बेंजीन हेक्साक्लोराइड का उपयोग किस रूप में होता है ?
(क) रंजक के रूप में
(ख) मलेरिया के विरुद्ध दवा के रूप में
(ग) एंटीबायटिक के रूप में (घ) कीटनाशक के रूप में

414. क्लोरोबेंजीन इनमें से किसके साथ अभिकृत होकर डी.डी.टी. देता है ?
(क) फीनॉल (ख) क्लोरल
(ग) नैफ्थेलिन (घ) ऐसिट-ऐल्डिहाइड

415. कीटनाशक गैमेक्सिन का रासायनिक नाम क्या है ?
(क) डी.डी.टी. (ख) बी.एच.सी.
(ग) हेक्साक्लोरोएथेन (घ) क्लोरल

416. गैमेक्सिन के औद्योगिक निर्माण में क्या प्रयुक्त होता है ?
(क) सूर्य का प्रकाश (ख) पराबैंगनी प्रकाश
(ग) अवरक्त प्रकाश (घ) अंधकार

417. एनिलीन को क्लोरोबेंजीन में परिवर्तित करने के लिए निम्न में से किस अभिकर्मक का उपयोग नहीं किया जाता है ?
(क) $Cl_2$ (ख) HCl
(ग) $HNO_2$ (घ) $CuCl_2$

418. क्लारोबेंजीन ठोस NaOH के साथ पिघलने पर क्या बनाती है ?
(क) बेंजीन (ख) बेंजोइक अम्ल
(ग) फीनॉल (घ) बेंजीनक्लोराइड

419. निम्न में से किसमें हाइड्रोजन बंध है ?
(क) एथेनॉल (ख) डाइएथिल ईथर
(ग) एथिल ऐसीटेट (घ) ट्राइएथिल ऐमीन

420. अल्कोहलिक किण्वन (Alcoholic Fermentation) के लिए आवश्यक है ?

उत्तर के लिए कृपया पृष्ठ सं. 155 देखें।

(क) $CO_2$ (ख) $NaHCO_3$

(ग) यीस्ट (घ) फास्फेट्स

421. ग्लिसरॉल को $110^{\circ}C$ पर ऑक्सैलिक अम्ल के साथ गरम करने पर क्या बनता है ?

(क) फॉर्मिल अम्ल (ख) $CO_2$ और CO

(ग) ऐलिल एल्कोहल

(घ) ग्लिसरॉल ट्राइऑक्सैलेट

422. ग्लिसरॉल निर्जलीकरण (Dehydration) के पश्चात् देता है ?

(क) प्रोपेन (ख) प्रोटीन

(ग) एक्रोलीन (घ) बेंजीन

423. ग्लिसरॉल पर सांद्र $HNO_3$ की अभिक्रिया से बनता है ?

(क) ग्लिसरॉल मोनोनाइट्रेट (ख) ग्लिसरॉल डाइनाइट्रेट

(ग) ग्लिसरॉल ट्राइनाइट्रेट (घ) एक्रोलीन

424. एथेनॉल निर्जलीकरण करने पर देता है ?

(क) $CH_3COOH$ (ख) $C_2H_6$

(ग) $C_2H_4$ (घ) $C_2H_2$

425. निम्नलिखित में से कौन सा सांद्र NaOH से अभिक्रिया करके ऐल्कोहल देता है ?

(क) मेथेनल (ख) एथेनल

(ग) प्रोपेनल (घ) सभी

426. परिशोधित स्पिरिट में एथिल अल्कोहल की प्रतिशत मात्रा कितनी होती है ?

(क) 75.0 (ख) 85.5

(ग) 95.6 (घ) 100.0

427. ग्लूकोज तथा फ्रक्टोज को एथिल अल्कोहल में परिवर्तित करनेवाला एन्जाइम क्या है ?

(क) डायस्टेज (ख) इनवर्टेज

(ग) जाइमेज (घ) माल्टेज

428. पोटैशियम परमैंगनेट द्वारा फीनॉल के ऑक्सीकरण से बनता है :

(क) ऑक्सैलिक अम्ल (ख) टार्टरिक अम्ल

उत्तर के लिए कृपया पृष्ठ सं. 155 देखें।

(ग) स्टियरिक अम्ल (घ) कोई भी नहीं

429. फिनॉल की पहचान कैसे की जाती है—
(क) ल्यूकास परीक्षण द्वारा
(ख) लीबरमान अभिक्रिया द्वारा
(ग) विक्टर-मेयर परीक्षण द्वारा
(घ) उपर्युक्त में से किसी के द्वारा नहीं

430. फीनॉल को वायु में खुला छोड़ने पर उसका रंग
(क) अपरिवर्तित रहता है (ख) गुलाबी हो जाता है
(ग) बैंगनी हो जाता है (घ) पीला हो जाता है

431. मेथेनॉल एवं फीनॉल क्षार की उपस्थिति में क्रिया करके प्रदान करते हैं ?
(क) बैकेलाइट (ख) पॉलीएथिलीन
(ग) डेक्रॉन (घ) नाइलोन 6-6

432. निम्नलिखित में सर्वाधिक मीठी शर्करा कौन सी है ?
(क) फ्रक्टोज (ख) ग्लूकोज
(ग) माल्टोज (घ) लैक्टोज

433. निम्न में से कौन सा यौगिक लिपिड नहीं है ?
(क) लेसिथिन (ख) लाइसिन
(ग) सेरेब्रोसाइड (घ) सिफैलिन

434. जलीय विलयन में लवण जैसा गुणधर्म प्रदर्शित करनेवाला अम्ल कौन सा है ?
(क) एसीटिक अम्ल (ख) बेंजोइक अम्ल
(ग) फॉर्मिक अम्ल (घ) $\alpha$ अमीनो ऐसीटिक अम्ल

435. सुक्रोज है एक :
(क) मोनोसैकराइड (ख) डाइसैकराइड
(ग) पॉलिसैकेराइड (घ) स्टीरॉयड

436. सेलूलोज है एक :
(क) प्रोटीन (ख) वसा
(ग) हॉर्मोन (घ) पॉलीसैकराइड

437. रिबोज शर्करा (Ribose Sugar) निम्न में से किसका अवयव है ?
(क) डी एन ए (ख) आर एन ए

उत्तर के लिए कृपया पृष्ठ सं. 155 देखें।

(ग) ग्लूकोज (घ) मोम

438. इनमें से कौन सा पदार्थ आर एन ए में नहीं पाया जाता है ?

(क) यूरेसिल (ख) थायमीन

(ग) राइबोस (घ) फॉस्फेट

439. निम्नलिखित में कौन सा प्रोटीन रक्त प्रवाह में ऑक्सीजन परिवहन करता है ?

(क) मायोग्लोबिन (ख) इंसुलिन

(ग) एल्बूमिन (घ) हीमोग्लोबिन

440. प्रोटीन मुख्यत: बने होते हैं ?

(क) $\alpha$-एमीनो अम्ल से (ख) कार्बोहाइड्रेट से

(ग) विटामिन से (घ) खनिज-लवणों से

441. माल्टोज किससे बना होता है ?

(क) ग्लूकोज के दो अणुओं से

(ख) फ्रक्टोज के दो अणुओं से

(ग) ग्लूकोज तथा फ्रक्टोज के अणुओं से

(घ) सुक्रोज के दो अणुओं से

442. इनमें से कौन सा ग्लिसराइड नहीं है ?

(क) तेल (ख) चरबी

(ग) फॉस्फोलिपिड (घ) साबुन

443. दुग्ध में उपस्थित डाइसैकराइड है :

(क) सुक्रोज (ख) लैक्टोज

(ग) माल्टोज (घ) सेलीबाइओस

444. प्रोटीनों का मुख्य संरचनात्मक अंश है :

(क) एस्टर बंध (ख) ईथर बंध

(ग) पेप्टाइड बंध (घ) कीटोन समूह

445. मोनोसैकराइड कार्बोहाइड्रेट का उदाहरण है :

(क) ग्लूकोज (ख) लैक्टोज

(ग) पॉलिसैकराइड (घ) सेलूलोज

446. स्टार्च किसका बहुलक है ?

(क) ग्लूकोज का (ख) फ्रक्टोज का

उत्तर के लिए कृपया पृष्ठ सं. 155 व 156 देखें।

(ग) दोनों का (घ) दोनों का नहीं

447. एंजाइम्स होते हैं ?

(क) प्रोटीन (ख) खनिज

(ग) तेल (घ) वसा अम्ल

448. डी-फ्रक्टोस की चक्रीय संरचना में परमाणुओं की संख्या कितनी होती है ?

(क) 5 (ख) 6

(ग) 4 (घ) 7

449. निम्नलिखित में प्राकृतिक बहुलक (Natural Polymer) कौन सा है ?

(क) पॉलिएथिलीन (ख) पी वी सी

(ग) ऐसीटिक अम्ल (घ) प्रोटीन

450. एथिल क्लोराइड किसके साथ उबालने से एथिल ऐल्कोहल मिलता है ?

(क) ऐल्कोलिक KOH (ख) जलीय KOH

(ग) जल (घ) हाइड्रोजन पराक्साइड

451. निम्न में से किसमें ग्लिसरॉल एक ट्राइएस्टर के रूप में उपस्थित होता है ?

(क) पेट्रोलियम में (ख) मिट्टी के तेल में

(ग) वनस्पति तेल एवं वसा में (घ) नैफ्था में

452. सुक्रोज का जल-अपघटन (Hydrolysis) प्रदान करता है ?

(क) ग्लूकोज के दो अणु

(ख) फ्रक्टोस के दो अणु

(ग) ग्लूकोज तथा फ्रक्टोज में से प्रत्येक के एक अणु

(घ) ग्लूकोज तथा मैन्नोज में से प्रत्येक के एक अणु

453. ऐनिलीन $NaNO_2$+HCl से ठंडे में क्रिया करके बनता है :

(क) फीनॉल (ख) नाइट्रोबेंजीन

(ग) बेंजीन डाइएजोनियम क्लोराइड (घ) क्लोरोबेंजीन

454. सोडियम फीनॉक्साइड 400K तथा 4-7 वायुमंडलीय दाब पर $CO_2$ से क्रिया करके देता है :

(क) सोडियम सैलिसिलेट (ख) सैलिसिल एल्डिहाइड

(ग) पैराहाइड्राक्सी बेंकैल्डीहाइड (घ) सैलिसिलिक एसिड

455. फिनॉल का जलीय विलयन $FeCl_3$ विलयन के साथ कौन सा रंग देता है ?

(क) पीला (ख) हरा

उत्तर के लिए कृपया पृष्ठ सं. 156 देखें।

(ग) लाल (घ) बैंगनी

456. मेथेनल एवं फिनॉल क्षार की उपस्थिति में क्रिया करके देते हैं ?

(क) बैकेलाइट (ख) पॉलीएथिलीन

(ग) डेक्रॉन (घ) नाइलोन-66

457. फीनॉल को सांद्र $H_2SO_4$ की उपस्थिति में थैलिक एनहाइड्राइड के साथ संघनित करने पर क्या बनता है :

(क) मेथिल ऑरेंज (ख) फीनॉल्फ्थैलिन

(ग) फेनिल रेड (घ) सैलिसिलिक अम्ल

458. $C_4H_6$ और $C_4H_{10}$ के उत्प्रेरकीय संयोग से $C_8H_{18}$ का बनना है ?

(क) बहुलीकरण (ख) शृंखलन

(ग) ऐल्कलीकरण (घ) ताप-अपघटन

459. $HC \equiv C —CH =CH_2$ के C-C एक आबंध के कार्बन परमाणुओं का संकरण है ?

(क) $Sp^3$-$Sp^3$ (ख) $Sp^2$-$Sp^3$

(ग) $Sp^2$-Sp (घ) Sp-$Sp^2$

460. $CH_3$ CHO का IUPAC नाम है ?

(क) ऐसिटेल्डिहाइड (ख) मेथिल-एल्डिहाइड

(ग) फॉर्मिल-ऐमीन (घ) एथेनल

461. लैक्टिक अम्ल [$CH_3CH(OH)COOH$] निम्न में से कौन सी समावयवता दरशाता है ?

(क) ज्यामितीय समावयवता (Geomeirical Isomerism)

(ख) चलावयवता

(ग) प्रकाशीय समावयवता (Optical Isomerism)

(घ) मध्यावयवता

☐

उत्तर के लिए कृपया पृष्ठ सं. 156 देखें।

## 6

# धातुएँ एवं अधातुएँ
# (METALS AND NON METALS)

462. निम्नलिखित में से कौन सी धातु सबसे अधिक सक्रिय है ?
(क) Al (ख) Cu
(ग) Ag (घ) Zn

463. निम्न में से किस धातु का गलन बिंदु (Melting Point) सबसे ऊँचा है ?
(क) चाँदी (ख) ताँबा
(ग) टंगस्टन (घ) प्लैटिनम

464. निम्न में से कौन सा तत्त्व क्षारीय ऑक्साइड बनाएगा ?
(क) फास्फोरस (ख) सोडियम
(ग) नाइट्रोजन (घ) सल्फर

465. निम्न में से कौन सा जोड़ा विस्थापन अभिक्रिया (Displacement Reaction) देगा ?
(क) NaCl विलयन और ताँबा धातु
(ख) $Mg Cl_2$ विलयन और एल्युमिनियम धातु
(ग) $Fe SO_4$ विलयन और चाँदी धातु
(घ) $Ag NO_3$ विलयन और ताँबा धातु

466. भूपर्पटी (Earth Crust) पर सर्वाधिक मात्रा में पाई जानेवाली धातु कौन सी है ?
(क) आयरन (Fe) (ख) ताँबा (Cu)
(ग) मैग्नीशियम (Mg) (घ) एल्युमिनियम (Al)

467. सिनैबार निम्न में से किसका अयस्क (Ore) है ?
(क) Zn (ख) Pb
(ग) Hg (घ) Ag

उत्तर के लिए कृपया पृष्ठ सं. 156 देखें।

468. एल्युमिनियम का सबसे सामान्य अयस्क कौन सा है?
(क) क्रायोलाइट (ख) बाक्साइट
(ग) फेल्स्पार (घ) हेमेटाइट

469. निम्न में से कौन सबसे हलकी धातु है?
(क) लोहा (Fe) (ख) ताँबा (Cu)
(ग) एल्युमिनियम (Al) (घ) मरकरी (Hg)

470. निम्न में से कौन अम्लीय प्रकृति (Acidic Nature) का है—
(क) सोडियम ऑक्साइड (ख) आयरन ऑक्साइड
(ग) कैल्सियम ऑक्साइड (घ) सल्फर ऑक्साइड

471. भूपर्पटी पर सर्वाधिक मात्रा में पाई जानेवाली अधातु (Non-metal) कौन सी है?
(क) क्लोरीन (Cl) (ख) हाइड्रोजन ($H_2$)
(ग) सिलिकॉन (Si) (घ) ऑक्सीजन ($O_2$)

472. निम्न में से किस तत्त्व का गलन बिंदु (Melting Point) सबसे ज्यादा है?
(क) टंगस्टन (W) (ख) पैलेडियम (Pd)
(ग) सिलिकॉन (Si) (घ) कार्बन (C)

473. निम्न में से कौन सा ऑक्साइड उदासीन (Neutral) है?
(क) $P_2O_5$ (ख) $CO_2$
(ग) CO (घ) $SO_2$

474. एक तत्त्व ऑक्सीजन से अभिक्रिया करके एक ऐसा यौगिक बनाता है, जिसका गलन बिंदु ज्यादा है। यह यौगिक जल में घुलनशील है। अभिक्रिया करनेवाला तत्त्व हो सकता है—
(क) कैल्सियम (Ca) (ख) कार्बन (C)
(ग) सिलिकॉन (Si) (घ) आयरन (Fe)

475. खाना रखने के बरतन (Food Can) पर टिन की कोटिंग की जाती है, जिंक की नहीं, क्यों?
(क) जिंक टिन से महँगा है
(ख) जिंक का गलन बिंदु टिन से ज्यादा है
(ग) जिंक टिन से ज्यादा सक्रिय है
(घ) जिंक टिन से कम सक्रिय है

उत्तर के लिए कृपया पृष्ठ सं. 156 देखें।

476. इनमें से कौन सामरिक तत्त्व (Strategic Element) कहलाता है ?

(क) लोहा (ख) सोना

(ग) यूरेनियम (घ) टाइटेनियम

477. निम्न में से कौन सी अधातु कमरे के ताप पर द्रव है ?

(क) आयोडीन (ख) ब्रोमीन

(ग) इनवार (घ) डयूरेलुमिन

478. निम्न में से कौन से घटक मिलकर पीतल (Brass) मिश्रधातु बनाते हैं ?

(क) Cu (70%) + Zn (30%)

(ख) Cu (88%) + Sn (12%)

(ग) Cu (90%) + Al (10%)

(घ) Cu (70%) + Ni (30%)

479. निम्न में से कौन सी मिश्रधातु फेरस मिश्रधातु है ?

(क) काँसा (ख) पीतल

(ग) इनवार (घ) ड्यूरेलुमिन

480. गैल्वेनाइजेशन के समय लौहे के ऊपर किसकी कोटिंग (Coating) की जाती है ?

(क) निकिल (ख) जिंक

(ग) एल्युमिनियम (घ) क्रोमियम

481. निम्न में से कौन से घटक मिलकर मुंज धातु (Munz Metal) बनाते हैं ?

(क) Cu (60%) + Zn (40%)

(ख) Cu (80%) + Zn (20%)

(ग) Cu (70%) + Zn (30%)

(घ) Cu (65%) + Zn (35%) + Ni (15%)

482. काँच का गहरा नीला रंग किस पदार्थ के कारण आता है ?

(क) फेरस ऑक्साइड (ख) कोबाल्ट ऑक्साइड

(ग) कैडमियम सल्फाइड (घ) सोडियम यूरेनेट

483. Cu (88%), Zn (10%) और Sn (2%) मिलकर निम्न में से कौन सी मिश्रधातु बनाते हैं ?

(क) डेल्टा धातु (ख) गन धातु

(ग) डच धातु (घ) रोज धातु

उत्तर के लिए कृपया पृष्ठ सं. 156 देखें।

484. प्रोड्यूसर गैस (Producer Gas) है ?

(क) $CO + N_2$ (ख) $CO + F_2$

(ग) $HCl + HNO_3$ (घ) $CO + H_2$

485. ब्रिटेनिया धातु किससे मिलकर बनती है :

(क) Sb + Cu + Sn (ख) Cu + Zn + Co

(ग) Sn + Sb + Pb (घ) Sc + Sn + Zn

486. चूहा विष (Rat Poison) के रूप में किसका उपयोग होता है ?

(क) जिंक सल्फाइड (ख) लेड सल्फाइड

(ग) सिल्वर आयोडाइड (घ) जिंक फास्फाइड

487. 'झूठा सोना' या 'बेवकूफों का सोना' कहलाता है ?

(क) क्यूप्रस ऑक्साइड

(ख) सोडियम नाइट्राइट

(ग) कैल्सियम ऑक्सीक्लोराइड

(घ) आयरन पायराइट ($Fe S_2$)

488. स्टील इस्पात में कौन–सा अधातु उपस्थित होता है ?

(क) सल्फर (S) (ख) सिलिकान (Si)

(ग) फास्फोरस (P) (घ) कार्बन (C)

489. निम्न में से कौन लौहे का अयस्क नहीं है ?

(क) लिमोनाइट (ख) सिडेराइट

(ग) कैलेमाइन (घ) हेमेटाइट

490. आयतन की दृष्टि से वायुमंडल में नाइट्रोजन का प्रतिशत कितना है ?

(क) 60% (ख) 78%

(ग) 50% (घ) 73%

491. निम्न में से कौन सी अक्रिय गैस वायुमंडल में नहीं पाई जाती है ?

(क) He (ख) Ne

(ग) Kr (घ) Rn

492. R.D.X. का ताप एवं आग की गति बढ़ाने के लिए किसका प्रयोग किया जाता है ?

(क) ताँबा चूर्ण (ख) एल्युमिनियम चूर्ण

(ग) जिंक चूर्ण (घ) लौह चूर्ण

उत्तर के लिए कृपया पृष्ठ सं. 156 देखें।

493. वनस्पति तेलों (Vegetable Oils) से कृत्रिम घी बनाने के लिए किस धातु का उत्प्रेरक के रूप में प्रयोग होता है ?

(क) जिंक (ख) ताँबा

(ग) निकिल (घ) कोबाल्ट

494. अमोनिया गैस बनाने की हैबर विधि में किस उत्प्रेरक का प्रयोग होता है ?

(क) लोहे का चूर्ण (ख) जिंक

(ग) चाँदी (घ) एल्युमिनियम

495. समुद्री खरपतवारों (Sea weeds) में निम्न में से कौन पाया जाता है :

(क) ओसमियम (ख) क्लोरीन

(ग) बिस्मथ (घ) आयोडीन

496. सर्वाधिक विद्युत्चालकता वाला तत्त्व है ?

(क) नायोबियम (ख) सीजियम

(ग) चाँदी (घ) सोडियम

497. निम्न में से किस तत्त्व के सर्वाधिक समस्थानिक होते हैं ?

(क) यूरेनियम (ख) कार्बन

(ग) लेड (घ) पोलोनियम

498. निम्न में से किस धातु को मिट्टी के तेल में रखा जाता है ?

(क) जिंक (ख) ओसमियम

(ग) सोडियम (घ) लैंथेनम

499. सबसे अधिक घनत्ववाली धातु कौन सी है ?

(क) पोटैशियम (ख) लोहा

(ग) प्लैटिनम (घ) ओसमियम

500. सबसे कम घनत्व, सबसे हलका एवं सबसे प्रबल अपचायक तत्त्व कौन सा है ?

(क) फ्लोरीन (ख) ब्रोमीन

(ग) लीथियम (घ) निकिल

501. फोटोक्रोमैटिक काँच (Photochromatic Glass) निम्न में से किसकी उपस्थिति के कारण धूप में स्वतः काला हो जाता है ?

(क) कैडमियम सल्फाइट (ख) कोबाल्ट ऑक्साइड

(ग) फेरस ऑक्साइड (घ) सिल्वर ब्रोमाइड

उत्तर के लिए कृपया पृष्ठ सं. 156 व 157 देखें।

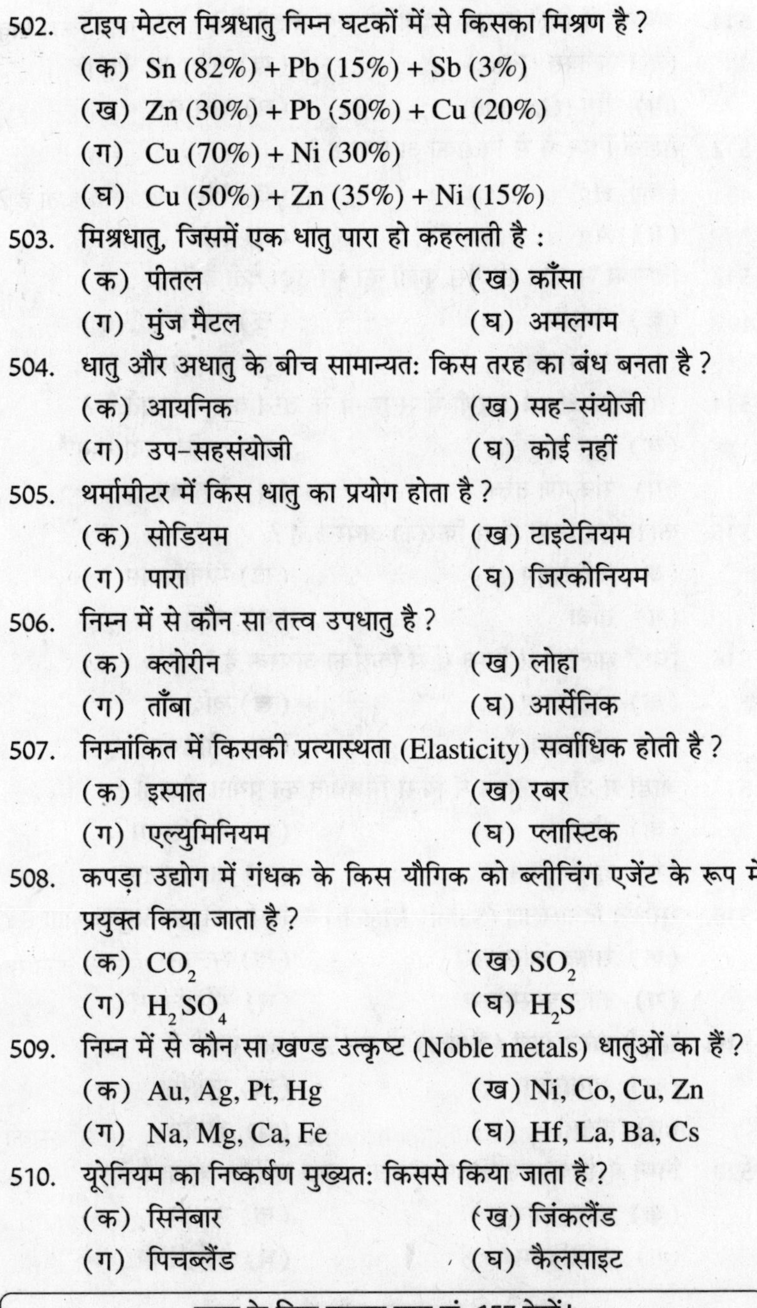

502. टाइप मेटल मिश्रधातु निम्न घटकों में से किसका मिश्रण है ?
(क) Sn (82%) + Pb (15%) + Sb (3%)
(ख) Zn (30%) + Pb (50%) + Cu (20%)
(ग) Cu (70%) + Ni (30%)
(घ) Cu (50%) + Zn (35%) + Ni (15%)

503. मिश्रधातु, जिसमें एक धातु पारा हो कहलाती है :
(क) पीतल (ख) काँसा
(ग) मुंज मैटल (घ) अमलगम

504. धातु और अधातु के बीच सामान्यतः किस तरह का बंध बनता है ?
(क) आयनिक (ख) सह-संयोजी
(ग) उप-सहसंयोजी (घ) कोई नहीं

505. थर्मामीटर में किस धातु का प्रयोग होता है ?
(क) सोडियम (ख) टाइटेनियम
(ग) पारा (घ) जिरकोनियम

506. निम्न में से कौन सा तत्त्व उपधातु है ?
(क) क्लोरीन (ख) लोहा
(ग) ताँबा (घ) आर्सेनिक

507. निम्नांकित में किसकी प्रत्यास्थता (Elasticity) सर्वाधिक होती है ?
(क) इस्पात (ख) रबर
(ग) एल्युमिनियम (घ) प्लास्टिक

508. कपड़ा उद्योग में गंधक के किस यौगिक को ब्लीचिंग एजेंट के रूप में प्रयुक्त किया जाता है ?
(क) $CO_2$ (ख) $SO_2$
(ग) $H_2SO_4$ (घ) $H_2S$

509. निम्न में से कौन सा खण्ड उत्कृष्ट (Noble metals) धातुओं का हैं ?
(क) Au, Ag, Pt, Hg (ख) Ni, Co, Cu, Zn
(ग) Na, Mg, Ca, Fe (घ) Hf, La, Ba, Cs

510. यूरेनियम का निष्कर्षण मुख्यतः किससे किया जाता है ?
(क) सिनेबार (ख) जिंकलैंड
(ग) पिचब्लैंड (घ) कैलसाइट

उत्तर के लिए कृपया पृष्ठ सं. 157 देखें।

511. अयस्क में मिले अशुद्ध पदार्थ को क्या कहते हैं ?
(क) फ्लक्स (Flux) (ख) स्लैग या धातुमल
(ग) गैंग (Gangue) (घ) सीरेसिस

512. गैलेना निम्न में से किसका अयस्क है ?
(क) Hg (ख) Pb
(ग) Ag (घ) Al

513. निम्न में से कौन सी गैस फूलों का रंग उड़ा देती है ?
(क) क्लोरीन (ख) फ्लोरीन
(ग) नाइट्रोजन (घ) हाइड्रोजन

514. आधुनिक आवर्त सारणी में समूह–1 के तत्त्व क्या कहलाते हैं ?
(क) क्षार धातुएँ (ख) क्षारीय मृदा धातुएँ
(ग) संक्रमण तत्त्व (घ) हैलोजन

515. कार्नेलाइट निम्न में से किसका अयस्क है ?
(क) कैल्सियम (ख) मैग्नीशियम
(ग) ताँबा (घ) चाँदी

516. चिली साल्टपीटर निम्न में से किसका अयस्क है ?
(क) पोटैशियम (ख) चाँदी
(ग) यूरेनियम (घ) सोडियम

517. जोड़ों में टाँका लगाने में किस मिश्रधातु का प्रयोग होता है ?
(क) सोल्डर (ख) मैग्नेलियम
(ग) ड्यूरेलुमिन (घ) टाइप मेटल

518. सुरक्षित दियासलाई (Safety Match) के निर्माण में क्या प्रयुक्त होता है ?
(क) सफेद फॉस्फोरस (ख) सल्फर
(ग) लाल फास्फोरस (घ) सेलिनियम

519. समुद्री खरपरवाल (शैवाल) से हम प्राप्त कर सकते हैं ?
(क) आयोडीन (ख) फ्लोरीन
(ग) क्लोरीन (घ) ब्रोमीन

520. निम्न में से कौन उच्चतम श्रृंखला क्षमता प्रदर्शित करता है ?
(क) ऑक्सीजन (ख) सल्फर
(ग) सेलिनियम (घ) टेल्यूरियम

उत्तर के लिए कृपया पृष्ठ सं. 157 देखें।

521. HCl एक गैस है जबकि HF निम्न क्वथनांक का द्रव है, यह ऐसा है क्योंकि—
(क) H — F बंध मजबूत है
(ख) H — F बंध कमजोर है
(ग) हाइड्रोजन बंध के कारण अणु संगुणित है
(घ) H F एक दुर्बल अम्ल है

522. क्लोरीन स्टार्च आयोडाइड पेपर को करती है ?
(क) नारंगी (ख) काला
(ग) लाल (घ) गहरा नीला

523. आयोडीन की विलेयता जल में निम्न में से किसको मिलाकर बढ़ाई जाती है ?
(क) $CCl_4$ (ख) $CHCl_3$
(ग) KCl (घ) KI

524. $SO_3$ के 98 प्रतिशत $H_2SO_4$ में अवशोषण से बनता है ?
(क) अधिक सांद्र $H_2SO_4$ (ख) $H_2SO_3$
(ग) $H_2S_2O_5$ (घ) $H_2S_2O_7$

525. निम्नलिखित में कौन से फ्लोराइड का अस्तित्व नहीं है ?
(क) $NF_5$ (ख) $PF_5$
(ग) $AsF_5$ (घ) $SbF_5$

526. निम्न में हैलोजन अम्लों की शक्ति का सही क्रम है ?
(क) HI > HBr > HCl > HF
(ख) HF > HCl > HBr > HI
(ग) HCl > HBr > HF > HI
(घ) HF > HBr > HI > HCl

527. हैलोजन, जो सर्वाधिक क्षारीय गुण दिखाता है ?
(क) F (ख) I
(ग) Cl (घ) Br

528. सर्वाधिक क्रियाशील हैलोजन कौन सा है ?
(क) $Br_2$ (ख) $Cl_2$
(ग) $I_2$ (घ) $F_2$

उत्तर के लिए कृपया पृष्ठ सं. 157 देखें।

529. निम्नलिखित में से कौन सा हैलोजन सदैव एक ऑक्सीकरण अवस्था प्रदर्शित करता है ?

(क) $Cl_2$ (ख) $F_2$

(ग) $Br_2$ (घ) $I_2$

530. निम्नलिखित में किसकी आबंध ऊर्जा (Bond energy) सर्वाधिक है ?

(क) $F_2$ (ख) $Cl_2$

(ग) $Br_2$ (घ) $I_2$

531. ONO बंध कोण अधिकतम है ?

(क) $NO_3^-$ (ख) $NO_2^-$

(ग) $NO_2$ (घ) $NO_2^+$

532. निम्नलिखित अम्लों में कौन सा दुर्बलतम है ?

(क) HClO (ख) HBr

(ग) $HClO_2$ (घ) HCl

533. प्रबलतम विद्युत् ऋणात्मक तत्त्व के बाह्य कक्ष का विन्यास होता है ?

(क) $ns^2 np^3$ (ख) $ns^2 np^4$

(ग) $ns^2 np^5$ (घ) $ns^2 np^6$

534. क्लोरीन का विरंजन गुण निम्न में से एक की उपस्थिति में ही होता है ?

(क) शुष्क वायु (ख) नमी

(ग) सूर्य का प्रकाश (घ) शुद्ध ऑक्सीजन

535. निम्न में से किसे गरम करने से वह सर्वाधिक स्थायी रहता है ?

(क) HCl (ख) HOCl

(ग) HBr (घ) HI

536. $Cl_2$ को शुष्क किया जाता है—

(क) सांद्र $H_2SO_4$ द्वारा (ख) Na OH द्वारा

(ग) KOH द्वारा (घ) CaO द्वारा

537. व्यावसायिक मात्रा में ब्रोमीन प्राप्त की जाती है ?

(क) विरंजक चूर्ण से (ख) क्लोरीन से

(ग) नाइट्रिक अम्ल से (घ) सल्फ्यूरिक अम्ल से

538. तत्त्व, जो जल में ऑक्सीजन मुक्त करता है ?

(क) P (ख) Na

(ग) F (घ) I

उत्तर के लिए कृपया पृष्ठ सं. 157 देखें।

539. गुब्बारों में भरी जानेवाली गैस निम्न में से कौन सी है?
(क) He (ख) Ne
(ग) Ar (घ) Xe

540. वायुयानों के टायरों में भरी जाती है?
(क) $H_2$ (ख) He
(ग) $N_2$ (घ) Ar

541. जेनॉन का कौन सा फ्लोराइड असंभव है?
(क) $XeF_2$ (ख) $XeF_3$
(ग) $XeF_4$ (घ) $XeF_6$

542. ठोस ऑर्गन में परमाणुओं को एकत्र रखने का कार्य कौन करता है?
(क) आयनिक बंध (ख) हाइड्रोजन बंध
(ग) वांडर वाल्स बल (घ) जल विरोधी बल

543. गहरे समुद्री गोताखोर हीलियम मिश्रित ऑक्सीजन का उपयोग करते हैं, क्योंकि
(क) उच्च दाब पर यह रक्त में नाइट्रोजन से कम विलेय है
(ख) यह नाइट्रोजन से हलकी है
(ग) यह ऑक्सीजन के साथ सुगमता से मिश्रित हो जाती है
(घ) यह आसानी से उपलब्ध है

544. अक्रिय गैसें अन्य तत्त्वों से क्रिया नहीं करती हैं, क्योंकि वे—
(क) एक परमाण्वीय हैं
(ख) इनके परमाणुओं का आकार छोटा होता है
(ग) अधिक मात्रा में पाई जाती हैं
(घ) इनमें पूर्णत: युग्मित स्थायी कोश हैं

545. क्लोरीन रासायनिक यौगिक किसके साथ बनाती है?
(क) He के साथ (ख) Ne के साथ
(ग) Ar के साथ (घ) Xe के साथ

546. विरंजक चूर्ण का विरंजक प्रभाव किसके मुक्त होने से होता है?
(क) क्लोरीन (ख) आण्विक ऑक्सीजन
(ग) नवजात ऑक्सीजन (घ) कैल्सियम कार्बोनेट

उत्तर के लिए कृपया पृष्ठ सं. 157 देखें।

547. जब $SO_2$ गैस को जलीय $H_2S$ में प्रवाहित किया जाता है, तो गंधक अवशोषित हो जाता है। इस अभिक्रिया में $SO_2$ काम करता है—

(क) ऑक्सीकारक के रूप में

(ख) अवकारक के रूप में

(ग) एक अम्ल के रूप में

(घ) जटिलीकरण कारक बनाने में

548. निम्न में से कौन सा तत्त्व सबसे कम यौगिक बनाता है?

(क) He (ख) Ar

(ग) Xr (घ) Xe

549. निम्नलिखित में किस उत्कृष्ट गैस के बाह्यतम कोष्ठ में इलेक्ट्रानों का अष्टक नहीं होता?

(क) निऑन (ख) रेडॉन

(ग) आर्गन (घ) हीलियम

550. क्लोरीन विस्थापित नहीं कर सकती?

(क) Na F से फ्लोरीन को (ख) Na I से आयोडीन को

(ग) Na Br से ब्रोमीन को (घ) इनमें से कोई नहीं

551. सल्फर का आण्विक सूत्र है?

(क) S (ख) $S_2$

(ग) $S_4$ (घ) $S_8$

552. बाह्य इलेक्ट्रॉन विन्यास $ns^2$ $np^6$ वाले तत्त्व कौन से हैं?

(क) क्षारीय मृदा धातुएँ (ख) संक्रमण तत्त्व

(ग) हैलोजन (घ) उत्कृष्ट गैसें

553. निम्नांकित में से किस गुणधर्म के लिए क्रम $F > Cl > Br > I$ सही है?

(क) इलेक्ट्रॉन बंधुता (ख) विद्युत् ऋणात्मकता

(ग) परमाणु त्रिज्या (घ) क्वथनांक

554. निम्न में से कौन उपधातु है?

(क) आर्सेनिक (ख) सोडियम

(ग) स्वर्ण (घ) लौह

उत्तर के लिए कृपया पृष्ठ सं. 157 व 158 देखें।

555. वह पदार्थ, जो अयस्कों में अशुद्धियों के निष्कासन हेतु मिलाया जाता है, कहलाता है ?

(क) धातुमल (ख) गैंग

(ग) गालक (घ) उत्प्रेरक

556. कैसिटेराइट (Cassiterite) एक अयस्क है ?

(क) Pb (ख) Zn

(ग) Sn (घ) Mn

557. धातुकर्म में धमन भट्ठी में चूना पत्थर प्रयुक्त होता है, जो वहाँ बन जाता है ?

(क) धातुमल (ख) गैंग

(ग) कैल्सियम धातु (घ) कैल्सियम कार्बोनेट

558. फेन उत्प्लावन विधि द्वारा निम्न में से कौन सा अयस्क सांद्रित किया जाता है ?

(क) बॉक्साइट (ख) हेमेटाइट

(ग) क्रायोलाइट (घ) सल्फाइड

559. फेन उत्प्लावन विधि में पानी के साथ क्या मिलाया जाता है ?

(क) साबुन पाउडर (ख) चीड़ का तेल

(ग) नारियल का तेल (घ) इनमें से कोई नहीं

560. प्रगलन में अयस्क के साथ गालक मिलाने का क्या उद्देश्य होता है ?

(क) धातु का गलनांक कम करना

(ख) धातु का क्वथनांक अधिक करना

(ग) अयस्क को सरंध्र बनाना

(घ) अपद्रव्यों को पृथक् करना

561. प्रगलन किसमें किया जाता है ?

(क) वात्या भट्ठी में (ख) खुले तल की भट्ठी में

(ग) मफल भट्ठी में (घ) विद्युत् भट्ठी में

562. कार्नेलाइट निम्न में से किसका खनिज है ?

(क) Ca (ख) Na

(ग) Mg (घ) Zn

उत्तर के लिए कृपया पृष्ठ सं. 158 देखें।

563. किसी धातु के सल्फाइड अयस्क को धातु ऑक्साइड में कैसे परिवर्तित किया जाता है?

(क) प्रगलन से (ख) भर्जन से

(ग) निस्तापन से (घ) बेसेमरीकरण से

564. निम्नलिखित में से किसका सांद्रण बढ़ाने के लिए चुंबकीय पृथक्करण प्रयुक्त किया जाता है?

(क) हॉर्न सिल्वर (ख) कैल्साइट

(ग) हेमेटाइट (घ) मैग्नेसाइट

565. हीमोग्लोबिन में उपस्थित होता है?

(क) Fe (ख) Ca

(ग) Co (घ) Cu

566. समुद्री जल में प्रमुख लवण कौन सा होता है?

(क) $Mg Cl_2$ (ख) NaCl

(ग) $MgSO_4$ (घ) $CaSO_4$

567. वायुमंडल में सर्वाधिक मात्रा में कौन सी गैस मौजूद होती है?

(क) $O_2$ (ख) $CO_2$

(ग) $N_2$ (घ) इनमें से कोई नहीं

568. पृथ्वी में प्रमुख धातुएँ जिस क्षेत्र में पाई जाती हैं, उसे क्या कहते हैं?

(क) एटमोफिल (ख) लिथोफिल

(ग) कैल्कोफिल (घ) सिडरोफिल

569. धातु अयस्कों के अपचयन हेतु प्रयुक्त थर्मिट विधि में प्रमुख पदार्थ कौन सा है?

(क) एल्युमिनियम (ख) थोरियम

(ग) गरम प्लैटिनम गेज (घ) कार्बन

570. मैलेकाइट निम्न में से किसका खनिज है?

(क) Mg (ख) Mn

(ग) Hg (घ) Cu

571. पारे का मुख्य अयस्क कौन सा है?

(क) पायरोलुसाइट (ख) पाइराइट

(ग) एंग्लिसाइट (घ) सिनेबार

उत्तर के लिए कृपया पृष्ठ सं. 158 देखें।

572. हेमेटाइट का सूत्र निम्न में से कौन सा है ?
(क) $Fe_3O_4$ (ख) $Fe_2O_3$
(ग) $Fe CO_3$ (घ) $Fe S_2$

573. निम्न में से हैलाइड अयस्क का उदाहरण है ?
(क) गैलेना (ख) बॉक्साइट
(ग) सिनेबार (घ) क्रायोलाइट

574. नीलम निम्नलिखित में से किसका खनिज है ?
(क) Cu (ख) Zn
(ग) Al (घ) Mg

575. कौन सी धातु अपने ही ऑक्साइड की परत से रक्षित होती है ?
(क) एल्युमिनियम (ख) रजत
(ग) स्वर्ण (घ) लोहा

576. नीले रंग का खनिज 'लापिस लाजुली' निम्न में से क्या है ?
(क) सोडियम ऐलुमिनो सिलिकेट (ख) जिंक कोबाल्ट
(ग) क्षारीय कॉपर कार्बोनेट (घ) प्रूशियन ब्लू

577. निम्न में से कौन सा एल्यूमिनियम का खनिज नहीं है ?
(क) ऐनहाइड्राइट (ख) बॉक्साइट
(ग) कोरंडम (घ) क्रायोलाइट

578. पोटाश ऐलम है ?
(क) एक सामान्य लवण (ख) द्विक् लवण
(ग) एक अम्लीय लवण (घ) एक संकर लवण

579. जब Al को KOH विलयन में मिलाया जाता है तो क्या होता है ?
(क) कोई अभिक्रिया नहीं होती (ख) ऑक्सीजन निकलती है
(ग) हाइड्रोजन निकलती है (घ) जल बनता है

580. बेकिंग सोडा होता है—
(क) $Na_2CO_3$ (ख) $NaHCO_3$
(ग) $Na_2SO_4$ (घ) $K_2CO_3$

581. सोडियम धातु को किसमें सुरक्षित रखा जाता है ?
(क) बेंजीन (ख) मिट्टी का तेल
(ग) ऐल्कोहल (घ) टॉल्वीन

उत्तर के लिए कृपया पृष्ठ सं. 158 देखें।

582. पोर्टलैंड सीमेंट में निम्न में से क्या नहीं होता?

(क) $CaSiO_4$ (ख) $Ca_3SiO_5$

(ग) $Ca_3Al_2O_6$ (घ) $Ca_3(PO_4)_2$

583. कपड़ा रँगनेवाले फिटकरी का उपयोग करते हैं?

(क) कपड़े से अग्नि की रक्षा करने हेतु

(ख) कटने पर प्राथमिक उपचार में

(ग) कठोर जल को मृदु करने में

(घ) रंग बंधक के रूप में

584. निम्न में से कौन सी धातु कमरे के ताप पर जल से क्रिया करती है?

(क) ताँबा (ख) लोहा

(ग) ऐल्युमिनियम (घ) सोडियम

585. कॉस्टिक सोडा विलयन की अधिक मात्रा जस्ते के साथ अभिक्रिया करके बनाती है?

(क) $Zn(OH)_2$ (ख) $ZnO$

(ग) $Na_2ZnO_2$ (घ) $ZnH_2$

586. पोर्टलैंड सीमेंट मुख्य रूप से निम्न में से किसका मिश्रण है?

(क) Ca, Fe, Mg के ऑक्साइड

(ख) Na, K तथा Fe के सिलीकेट

(ग) ऐलुमिना तथा मैग्नीशिया

(घ) कैल्सियम के सिलिकेट तथा ऐलुमिनेट

587. अपने गलित लवण के विद्युत् अपघटन से निष्कर्षित की जानेवाली धातु है?

(क) लोहा (ख) सीसा

(ग) सोडियम (घ) ताँबा

588. ड्यूरेलुमिन मिश्रधातु ऐल्युमिनियम के साथ उपस्थित रहता है?

(क) निकिल

(ख) मैग्नीशियम तथा निकिल

(ग) मैग्नीशियम, मैंगनीज तथा ताँबा

(घ) मैग्नीशियम, निकिल तथा मैंगनीज

उत्तर के लिए कृपया पृष्ठ सं. 158 देखें।

589. बॉक्साइट से ऐल्युमिनियम के निर्माण में निम्न प्रविधियों में कौन सी प्रयुक्त की जाती है ?

(क) मैग्नीशियम द्वारा अपचयन (ख) कोक द्वारा अपचयन

(ग) वैद्युत्-अपघटनी अपचयन (घ) लोहे द्वारा अपचयन

590. साधारण फिटकरी होती है ?

(क) $K_2 SO_4. Al_2 (SO_4)_3. 24H_2O$

(ख) $K_2 SO_4. Cr_2 (SO_4)_3. 24H_2O$

(ग) $K_2 SO_4. Fe_2 (SO_4)_3. 24H_2O$

(घ) $(NH_2) SO_4. Fe SO_4. 6H_2O$

591. जलविहीन $Mg Cl_2$ प्राप्त करने के लिए $MgCl_2.6H_2O$ को गरम किया जाता है ?

(क) जब तक वह गल न जाए (ख) चूने के साथ

(ग) कोयले के साथ (घ) HCl के प्रवाह में

592. अयस्क की सांद्रण विधि प्रयुक्त की जाती है ?

(क) सिलिकामय पदार्थों को हटाने के लिए

(ख) खनिज में गालक मिलाने के लिए

(ग) अयस्क को ऑक्साइड में बदलने के लिए

(घ) विषैली अशुद्धियों को हटाने के लिए

593. धातुकर्म में प्रयुक्त होनेवाले खनिजों में उपस्थित अशुद्धियों को संयुक्त रूप से कहते हैं ?

(क) धातुमल (ख) गालक

(ग) गैंग (घ) अयस्क

594. निम्न में कौन सी धातु हमेशा मुक्त अवस्था में पाया जाता है—

(क) Na (ख) Au

(ग) Cu (घ) Ag

595. ऑक्साइड अयस्क का उदाहरण है :

(क) बॉक्साइट (ख) मैलेकाइट

(ग) जिंक ब्लेंड (घ) फेल्स्पार

596. सोडियम कार्बोनेट का औद्योगिक निर्माण होता है ?

(क) सीसा कक्ष विधि द्वारा (ख) हैबर विधि द्वारा

(ग) साल्वे विधि द्वारा (घ) कैस्नर विधि द्वारा

उत्तर के लिए कृपया पृष्ठ सं. 158 देखें।

597. वे प्राकृतिक पदार्थ, जिनसे किसी तत्त्व का मितव्ययिता से निष्कर्षण किया जा सकता है, कहलाते हैं ?

(क) अयस्क (Ore) (ख) खनिज (Mineral)

(ग) गैंग (Washing Soda) (घ) इनमें से कोई नहीं

598. धावन सोडा का सूत्र है ?

(क) $Na_2CO_3.7H_2O$ (ख) $Na_2\ CO_3.\ H_2O$

(ग) $Na_2CO_3.10H_2O$ (घ) $Na_2CO_3$

599. कौन सी धातु विद्युत् अवकरण विधि से प्राप्त की जाती है ?

(क) Fe (ख) Cu

(ग) Ag (घ) Al

600. साल्ट केक का रासायनिक नाम क्या है ?

(क) सोडियम सल्फेट

(ख) सोडियम क्लोराइट

(ग) सोडियम बाइसल्फेट

(घ) सोडियम सल्फेट व क्लोराइट

601. विरंजक चूर्ण (Bleaching Powder) क्या है ?

(क) $CaCl_2$ (ख) CaClO

(ग) $CaO\ Cl_2$ (घ) $CaCl_2.CaOCl$

602. सोडियम लिथियम की अपेक्षा जल से अधिक तीव्र क्रिया करता है, क्योंकि

(क) इसका अणुभार कम है (ख) यह प्रबल ऋणविद्युती हैं

(ग) यह प्रबल धनविद्युती है (घ) यह धातु है

603. मोनाजाइट निम्न में से किसका स्रोत है ?

(क) Ne (ख) Ra

(ग) Kr (घ) Th

604. द्रव अमोनिया में सोडियम का विलयन किसकी उपस्थिति के कारण नीला होता है ?

(क) सोडियम परमाणु

(ख) अमोनियम आयन

(ग) विलायक योजित सोडियम आयन

(घ) विलायक योजित इलेक्ट्रॉन

उत्तर के लिए कृपया पृष्ठ सं. 158 व 159 देखें।

605. शुष्क अमोनिया प्रवाह में सोडियम धातु को गरम करने पर प्राप्त होता है ?
(क) सोडियम नाइट्राइट (ख) सोडियम हाइड्राइड
(ग) सोडियम एमाइड (घ) सोडियम ऐजाइड

606. निम्न में से किसका उपयोग प्रयोगशाला में सामान्यत: जल-शुष्ककारक के रूप में किया जाता है ?
(क) $CaCl_2$ (ख) NaCl
(ग) $Na_2CO_3$ (घ) इनमें से किसी का नहीं

607. $Al_2O_3$ बनने में अत्यधिक मात्रा में उष्मा मुक्त होती है। इसका उपयोग किसमें होता है ?
(क) विऑक्सीकरण में (ख) कन्फेक्शनरी में
(ग) इंडोर फोटोग्राफी में (घ) थर्माइट वेल्डिंग में

608. ऐल्युमिनियम हाइड्रॉक्साइड सांद्र Na OH में विलेयशील है। यह निम्न में से किसके कारण है ?
(क) द्विलवण (ख) सोडियम एलुमिनेट
(ग) पेप्टीकृत सॉल (घ) इनमें से कोई नहीं

609. आयरन ऑक्साइड युक्त अपद्रव्यवाले बॉक्साइट खनिज की शोधन विधि को कहते हैं ?
(क) हूप प्रक्रम (ख) सरपेक प्रक्रम
(ग) बेयर प्रक्रम (घ) विद्युत्-अपघटनी प्रक्रम

610. लोहे की सतह पर किस धातु के वैद्युत् निक्षेपण में जंग लगना रुकता है ?
(क) Cu (ख) Zn
(ग) Mg (घ) Pb

611. लोहे के प्रगलन में वात्या भट्टी में $400^\circ C - 600^\circ C$ पर निम्न अभिक्रिया होती है—
(क) $CaO + SiO_2 \rightarrow CaSiO_3$
(ख) $FeS + O_2 \rightarrow Fe + SO_2$
(ग) $Fe_2O_3 + 3CO \rightarrow 2Fe + 3CO_2$
(घ) $FeO + SiO_2 \rightarrow FeSiO_3$

612. निम्न में से कौन सी धातु गरम सांद्र Na OH विलयन में विलेय है ?
(क) Fe (ख) Zn

उत्तर के लिए कृपया पृष्ठ सं. 159 देखें।

(ग) Cu (घ) Ag

613. इनमें से सीसे का प्रमुख अयस्क कौन सा है ?
(क) गैलेना (ख) मैटकोलाइट
(ग) ऐंग्लोसाइट (घ) हेमेटाइट

614. वुड धातु (Wood Metal) क्या है ?
(क) Sn + Cd (ख) Sn + Pd
(ग) Sn + Bi (घ) इनमें से कोई नहीं

615. रेड लेड (Red Lead) क्या है ?
(क) $Pb_3O_4$ (ख) $Hg_2O$
(ग) $PbO_2$ (घ) PbO

616. बटर ऑफ टिन (Butter of Tin) का सूत्र क्या है ?
(क) $SnCl_2 . 3H_2O$ (ख) $SnCl_4 . 5H_2O$
(ग) $SnCl_2 . 6H_2O$ (घ) $SnCl_2 . 8H_2O$

617. सोल्डर (Solder) मिश्रधातु में होता है ?
(क) टिन अधिक और लेड कम मात्रा में
(ख) लेड अधिक और टिन कम मात्रा में
(ग) कॉपर अधिक और टिन कम मात्रा में
(घ) टिन अधिक और कॉपर कम मात्रा में

618. पीतल एक मिश्रधातु है ?
(क) सोना और ताँबा की
(ख) चाँदी एवं जस्त की
(ग) ताँबा एवं जस्त की
(घ) ताँबा एवं ऐल्युमिनियम की

619. वह धातु जो अम्ल तथा सोडियम हाइड्रॉक्साइड दोनों के साथ अभिक्रिया कर हाइड्रोजन उत्पन्न करती है, निम्न में से कौन है ?
(क) Fe (ख) Zn
(ग) Cu (घ) इनमें से कोई नहीं

620. $Cu_2O$ और $Cu_2S$ को गरम करने पर इनमें से क्या प्राप्त होता होगा ?
(क) $Cu + SO_3$ (ख) CuO + CuS
(ग) $Cu + SO_2$ (घ) $Cu_2SO_3$

621. सीसा आसानी से घुलता है ?

उत्तर के लिए कृपया पृष्ठ सं. 159 देखें।

(क) $CH_3COOH$ में (ख) HCl में
(ग) $HNO_3$ में (घ) $H_2SO_4$ में

622. जब लेड संचायक बैटरी (Lead Storage Battery) निरावेशित (Discharge) होती है, तो—
(क) लेड बन जाता है
(ख) $H_2SO_4$ समाप्त हो जाता है
(ग) $SO_2$ निकलती है
(घ) लेड सल्फेट समाप्त हो जाता है

623. लोहा धातु का संक्षारण से जस्त लेपन द्वारा निवारण करना क्या कहलाता है ?
(क) जस्ता चढ़ना (Galvonization) (ख) कैथोड संरक्षण
(ग) विद्युत्-अपघटन (घ) प्रकाश विद्युत्-अपघटन

624. Zn के धातुकर्मीय प्रक्रम में होनेवाली अभिक्रिया $2\,ZnS + 3\,O_2 \rightarrow 2\,ZnO + 3SO_2$ को कंहते हैं ?
(क) निस्तापन (ख) खर्परण
(ग) प्रगलन (घ) भर्जन

625. प्लंबोवैलेंसी (Plumbovalency) को निम्न में से किस समीकरण द्वारा व्यक्त किया जाता है ?
(क) $2\,Pb + O_2 \rightarrow 2\,PbO$
(ख) $2\,Pbs + 3O_2 \rightarrow 2\,PbO + 2\,SO_2$
(ग) $Pb + O_2 + 2\,H_2O \rightarrow 2\,Pb\,(OH)_2$
(घ) इनमें से किसे से नहीं

626. अत्यंत तनु नाइट्रिक अम्ल जस्त से अभिक्रिया करके जस्त नाइट्रेट के अलावा बनाता है ?
(क) अमोनियम नाट्रेट (ख) $NO_2$
(ग) NO (घ) $N_2O$

627. जर्मन सिल्वर में Zn और Cu के अतिरिक्त निम्न में से कौन सी धातु होती है ?
(क) Sn (ख) Ag
(ग) Ni (घ) Mg

उत्तर के लिए कृपया पृष्ठ सं. 159 देखें।

628. निम्न समीकरण से शुद्धीकरण की कौन सी विधि प्रकट होती है ?

$$\underset{\text{अशुद्ध}}{Ti + 2I_2} \xrightarrow{500\ K} TiI_4 \xrightarrow{1675\ K} \underset{\text{शुद्ध}}{Ti} + 2I_2$$

(क) क्यूपेलीकरण (ख) पोलिंग
(ग) वान आर्केल (घ) क्षेत्र शोधन

629. धातु अयस्कों के अपचयन हेतु प्रयुक्त थर्माइट विधि में प्रमुख पदार्थ है ?
(क) ऐल्युमिनियम (ख) थोरियम
(ग) गरम प्लैटिनम गेज (घ) कार्बन

630. ऐल्युमिनियम कास्टिक सोडे के साथ क्रिया करके निम्न में से क्या बनाता है ?
(क) ऐल्युमिनियम हाइड्रॉक्साइड (ख) ऐल्युमिनियम ऑक्साइड
(ग) सोडियम मेटाऐलुमिनेट (घ) सोडियम टेट्रा ऐलुमिनेट

631. आयतनात्मक रूप से वायुमंडल में नाइट्रोजन की मात्रा कितनी होती है ?
(क) 1/5 भाग (ख) 3/5 भाग
(ग) 4/5 भाग (घ) 2/5 भाग

632. नाइट्रिक ऑक्साइड को वायु द्वारा ऑक्सीकृत करने पर लाल-भूरे रंग की बननेवाली गैस है ?
(क) $N_2O_5$ (ख) $N_2O_4$
(ग) $NO_2$ (घ) $N_2O_3$

633. निम्नलिखित में से कौन रंगीन है ?
(क) NO (ख) $N_2O$
(ग) $SO_2$ (घ) कोई नहीं

634. निम्नलिखित में से नाइट्रोजन का कौन सा ऑक्साइड रंगीन गैस है ?
(क) $N_2O$ (ख) NO
(ग) $N_2O_4$ (घ) $NO_2$

635. ऑक्सीजन का अणु होता है ?
(क) अनुचुंबकीय (ख) प्रतिचुंबकीय
(ग) फेरोचुंबकीय (घ) फेरीचुंबकीय

636. रक्त तप्त लोहे पर भाप प्रवाहित करने पर प्राप्त होता है ?
(क) $CO + H_2$ (ख) $H_2O_2$
(ग) $H_2$ (घ) $N_2$

उत्तर के लिए कृपया पृष्ठ सं. 159 देखें।

637. निम्न में से कौन पैरामैग्नेटिक (Paramagnetic) होता है ?

(क) $H_2$ (ख) $Cl_2$

(ग) $N_2$ (घ) $O_2$

638. वह तत्त्व, जो $H_2O$ से ऑक्सीजन गैस मुक्त करता है ?

(क) P (ख) Na

(ग) F (घ) I

639. ऑक्सीजन से ओजोन किस प्रकार बनाई जाती है ?

(क) अधिक ताप पर ऑक्सीजन द्वारा

(ख) उच्च दाब पर गरम करके

(ग) नीरव विद्युत्-विसर्जन करके

(घ) इनमें से किसी भी विधि से नहीं

640. सूर्य से आनेवाली हानिकारक पराबैंगनी विकिरण (Utraviolet Radiation) का बहुत बड़ा भाग पृथ्वी तक नहीं पहुँच पाता, क्योंकि पृथ्वी के ऊपर वायुमंडल में निम्न में से किसकी परतें हैं ?

(क) $CO_2$ की (ख) $H_2$ की

(ग) $O_3$ की (Ozone) (घ) $NH_3$ की

641. हाइड्रोजन का रेडियोऐक्टिव समस्थानिक क्या कहलाता है ?

(क) प्रोटियम (ख) ड्यूटीरियम

(ग) भारी हाइड्रोजन (घ) ट्रीटियम

642. नाइट्रिक अम्ल आयोडीन को परिवर्तित करता है ?

(क) आयोडिक अम्ल में

(ख) हाइड्रोआयोडिक अम्ल में

(ग) आयोडीन पेंटाऑक्साइड में

(घ) आयोडीन नाइट्रेट में

643. निम्न में से कौन अम्लीय क्षमता (Acidic Strength) के सही बढ़ते क्रम (Increasing Order) में रखा गया है ?

(क) $HOClO < HOCl < HOClO_3 < HOClO_2$

(ख) $HOClO_2 < HOClO_3 < HOClO < HOCl$

(ग) $HOClO_3 < HOClO_2 < HOClO < HOCl$

(घ) $HOCl < HOClO < HOClO_2 < HOClO_3$

उत्तर के लिए कृपया पृष्ठ सं. 159 देखें।

644. निम्न में से कौन सा अक्रिय गैस (rare gas) सबसे आसानी से द्रवित (liquefiable) होता है ?

(क) Ar (ख) Ne

(ग) Xe (घ) Kr

645. निम्न में से कौन सी धातु $H_2$ गैस का अधिशोषण करती है ?

(क) Zn (ख) Pb

(ग) Al (घ) K

646. ट्रीटियम ($_1H^3$) परमाणु के नाभिक में कितने न्यूट्रॉन होते हैं ?

(क) 1 (ख) 2

(ग) 3 (घ) 4

647. HCl से निम्न में से किसकी क्रिया द्वारा $H_2$ गैस उत्पन्न होती है ?

(क) Cu (ख) Mg

(ग) P (घ) Hg

648. सैन्य उपयोग में आनेवाली हाइड्रोजन प्रायः प्राप्त की जाती है ?

(क) वाटर गैस से

(ख) जल के विद्युत्-विघटन से

(ग) जस्त पर $H_2SO_4$ की अभिक्रिया से

(घ) हाइड्रोलिथ पर जल की अभिक्रिया से

649. अमोनिया विलयन में निम्न में से कौन पर्याप्त मात्रा में घुल जाता है ?

(क) $Hg_2Cl_2$ (ख) $PbCl_2$

(ग) AgI (घ) $Cu(OH)_2$

650. निम्नलिखित में से कौन सा ऑक्साइड अनुचुंबकीय है ?

(क) $NO_2$ (ख) $N_2O_4$

(ग) $P_4O_8$ (घ) $N_2O_5$

651. अमोनिया को किससे शुष्क बनाया जाता है ?

(क) $CaCl_2$

(ख) सांद्र $H_2SO_4$

(ग) $P_2O_5$

(घ) बिना बुझा चूना (Quick Lime)

उत्तर के लिए कृपया पृष्ठ सं. 159 देखें।

652. निम्न में से कौन सा ऑक्साइड अपचायक अभिकर्मक के रूप में प्रयुक्त नहीं किया जा सकता है ?

(क) $N_2O_5$ (ख) $NO_2$

(ग) NO (घ) $N_2O$

653. निम्न में से कौन अम्लीय ऑक्साइड है ?

(क) $Na_2O$ (ख) CaO

(ग) ZnO (घ) $Cl_2O_7$

654. निम्न में कौन क्षारीय ऑक्साइड है ?

(क) $Na_2O$ (ख) $SO_3$

(ग) $N_2O_5$ (घ) $Cl_2O_7$

655. जल में मुख्यतया होते हैं ?

(क) $H_2O$ अणु (ख) $H^+$ तथा $OH^-$ आयन

(ग) $(H_2O)_n$ अणु (घ) $H_4O_2$ अणु

656. भारी जल (Heavy water) का हिमांक है ?

(क) $O^\circ C$ (ख) $3.8^\circ C$

(ग) $38^\circ C$ (घ) $0.38^\circ C$

657. जल में क्या मिला देने से अस्थायी कठोरता (Temporary hardness) दूर हो जाती है ?

(क) $CaCO_3$ (ख) HCl

(ग) $Ca(OH)_2$ (घ) $CaSO_4$

658. ओजोन ($O_3$) निम्न में शीघ्र विलेय है ?

(क) जल (ख) तारपीन का तेल

(ग) $CS_2$ (घ) $NH_3$

659. पैलेडियम धातु द्वारा हाइड्रोजन का अधिशोषण क्या कहलाता है ?

(क) अपचयन (ख) हाइड्रोज्नीकरण

(ग) अधिधारण (घ) विहाइड्रोजनीकरण

660. हाइड्रोजन परमाणु एक इलेक्ट्रॉन ग्रहण करके हीलियम परमाणु का विन्यास प्राप्त कर लेता है। हाइड्रोजन का यह गुण निम्न में से किसके समान है ?

(क) हैलोजन (ख) क्षार धातु

(ग) ऑक्सीजन (घ) अक्रिय गैस

उत्तर के लिए कृपया पृष्ठ सं. 159 व 160 देखें।

661. अमोनियम डाइक्रोमेट को गरम करने पर कौन सी गैस उत्पन्न होती है?

(क) $N_2$ (ख) $O_2$

(ग) $H_2$ (घ) $NH_3$

662. $NO_2$ गैस निम्न में से किसको गरम करने पर प्राप्त नहीं की जा सकती?

(क) $KNO_3$ (ख) $Pb(NO_3)_2$

(ग) $Cu(NO_3)_2$ (घ) $AgNO_3$

663. किस यौगिक में नाइट्रोजन का ऑक्सीकरण अंक (+5) है?

(क) NO (ख) $N_2O$

(ग) $NH_3$ (घ) $HNO_3$

664. बर्कलैंड-आइड विधि द्वारा नाइट्रिक अम्ल के औद्योगिक निर्माण में प्रारंभिक पदार्थ कौन सा है?

(क) अमोनिया (ख) $NO_2$ गैस

(ग) हवा (घ) चिली साल्ट पीटर

665. नाभिकीय संयंत्रों में विमंदक के रूप में क्या प्रयुक्त होता है?

(क) Cd (ख) U-235

(ग) Pb (घ) भारी जल

666. ऑक्सीजन किसमें घुलनशील है?

(क) अल्कोहल (ख) अम्लीय पायरोगैलाल

(ग) ऐम्ल (घ) क्षारीय पायरोगैलाल

667. हँसानेवाली गैस (Laughing Gas) कौन सी है?

(क) नाइट्रिक ऑक्साइड

(ख) नाइट्रस ऑक्साइड

(ग) नाइट्रोजन पराक्साइड

(घ) इनमें से कोई नहीं

668. हाइड्रोजन का वह गुण, जो इसे अन्य क्षार-धातुओं से भिन्न करता है?

(क) विद्युत्-धनात्मक गुण

(ख) अधातुओं के प्रति बंधुता

(ग) अपचायक गुण

(घ) अधात्त्विक गुण

उत्तर के लिए कृपया पृष्ठ सं. 160 देखें।

669. नाइट्रोजन का निम्नलिखित में से कौन सा ऑक्साइड फेरस सल्फेट से क्रिया करके गहरा भूरा यौगिक बनाता है ?

(क) $N_2O$ (ख) NO

(ग) $NO_2$ (घ) $N_2O_5$

670. जल के अणु के दिशात्मक बंध निम्न में से कौन सा कोण बनाते हैं ?

(क) $90^\circ$ (ख) $120^\circ$

(ग) $105^\circ$ (घ) $60^\circ$

671. सल्फर की परमाणु संख्या है ?

(क) 4 (ख) 8

(ग) 12 (घ) 16

672. सल्फर डाइऑक्साइड ($SO_2$) का उपयोग हैं ?

(क) कागज उद्योग में (ख) प्रशीतकों में

(ग) विरंजक के रूप में (घ) उपर्युक्त सभी

673. ओलियम (Oleum) का रासायनिक सूत्र है ?

(क) $H_2SO_4$ (ख) $H_2SO_3$

(ग) $H_2S_2O_7$ (घ) इनमें से कोई नहीं

□

उत्तर के लिए कृपया पृष्ठ सं. 160 देखें।

# विलयन

## (SOLUTIONS)

674. 0.25 ग्राम मोल $H_2SO_4$ में कितने ग्राम $H_2SO_4$ है ?

(क) 24.5 (ख) 2.45

(ग) 0.25 (घ) 0.245

675. 6 ग्राम यूरिया 180 ग्राम जल में विलेय है। यूरिया का मोल प्रभाज (Mole Fraction) क्या होगा ?

(क) $\frac{10}{10.1}$ (ख) $\frac{10.1}{10}$

(ग) $\frac{10.1}{0.1}$ (घ) $\frac{0.1}{10.1}$

676. परासरण दाब (Osmotic Pressure) व्यक्त करनेवाला सूत्र कौन सा है ?

(क) $\pi = n\,RT/m$ (ख) $P = RT/V$

(ग) $P = RT/V$ (घ) $\pi = n\,RT/V$

677. 5 प्रतिशत गन्ने की शक्कर का $15^{\circ}C$ पर परासरण दाब होता है ?

(क) 4 वायुमंडल (ख) 34 वायुमंडल

(ग) 3.456 वायुमंडल (घ) 2.45 वायुमंडल

678. शुद्ध जल की मोलरता कितनी होती है ?

(क) 55.56 (ख) 50

(ग) 100 (घ) 18

उत्तर के लिए कृपया पृष्ठ सं. 160 देखें।

679. एक मोलल विलयन में होता है ?
(क) एक लीटर विलयन में विलय का एक मोल
(ख) 1000 ग्राम विलायक में विलय का एक मोल
(ग) विलयन के 1000 मिली. में विलय का एक ग्राम तुल्यांक
(घ) विलायक के 1000 ग्राम में विलेय का एक ग्राम तुल्यांक

680. उस घोल की मोललता क्या होगी, जिसमें 18 ग्राम ग्लूकोज (अणु द्रव्य 180) 500 ग्राम जल में घुला हुआ हो ?
(क) 1M (ख) 0.5M
(ग) 0.2M (घ) 2M

681. प्रत्येक लवण के डेसीमीटर विलयन को 90 प्रतिशत वियोजित मानते हुए निम्न में से किसका परासरण दाब अधिकतम है ?
(क) ऐल्युमिनियम सल्फेट का
(ख) बेरियम क्लोराइड का
(ग) पोटैशियम सल्फेट का
(घ) (ख) तथा (ग) के समान आयतन के मिश्रण का

682. कौन सा अणुसंख्य गुणधर्म (Colligative Property) है ?
(क) वाष्प दाब अवनमन (ख) परासरण दाब
(ग) हिमांक अवनमन (घ) सभी

683. 36 ग्राम जल एवं 828 ग्राम एथिल ऐल्कोहल एक आदर्श व्यवहार वाला मिश्रण बनाते हैं। इस मिश्रण में जल का मोल अंश है ?
(क) 0.9 (ख) 0.7
(ग) 0.4 (घ) 0.1

684. निम्नलिखित में से कौन राउल्ट नियम से ऋणात्मक विचलन नहीं दरशाता ?
(क) ऐसीटोन-क्लोरोफार्म (ख) ऐसीटोन-बेंजीन
(ग) क्लोरोफार्म-ईथर (घ) क्लोरोफार्म-बेंजीन

685. 0.2 M NaOH के 30 मिली. को पूर्ण उदासीन करने के लिए 0.1M $H_2SO_4$ के कितने मिली. की आवश्यकता है ?
(क) 15 मिली. (ख) 30 मिली.
(ग) 40 मिली. (घ) 60 मिली.

उत्तर के लिए कृपया पृष्ठ सं. 160 देखें।

686. 0.11 ग्राम पदार्थ के विलयन का क्वथनांक 15 ग्राम शुद्ध ईथर की अपेक्षा $0.1^\circ$ C अधिक पाया गया। पदार्थ का अणुभार क्या होगा?
[Kb = 2.16]

(क) 148 (ख) 158
(ग) 168 (घ) 178

687. विलयन में विलेय की सामान्य स्थिति दरशानेवाला वांट हॉफ गुणांक का मान क्या होगा?

(क) $i = 1$ (ख) $i = 0$
(ग) $i > 1$ (घ) $i < 1$

688. किसी विलयन के लिए "वाष्प दाब में आपेक्षिक अवनमन विलेय की मोल भिन्न के बराबर होता है" यह नियम है?

(क) फैराडे का नियम (ख) राउल्ट का नियम
(ग) वांट हॉफ नियम (घ) इनमें से कोई नहीं

689. किसी विलयन का वाष्प दाब?

(क) विलायक के मोलर प्रभाज का अनुक्रमानुपाती होता है
(ख) विलायक के मोलर प्रभाज का व्युत्क्रमानुपाती होता है
(ग) विलेय के मोल प्रभाज का अनुक्रमानुपाती होता है
(घ) इनमें से कोई नहीं

690. विलेय की मोलल सांद्रतावाले विलयन का क्वथनांक उन्नयन सर्वाधिक होगा, यदि विलायक हो?

(क) एथिल ऐल्कोहल (ख) ऐसीटोन
(ग) बेंजीन (घ) क्लोरोफार्म

691. विलायक A का वाष्प दाब 0.80 वायुमंडल है। यदि इसमें एक अवाष्पशील पदार्थ B को मिला दिया जाए, तो विलायक का वाष्प दाब गिरकर 0.6 वायुमंडल हो जाता है। विलयन में B का मोल है?

(क) 0.25 (ख) 0.50
(ग) 0.75 (घ) 0.90

692. समान परासरण दाबवाले विलयन क्या कहलाते हैं?

(क) अतिपरासरी (ख) अल्पपरासरी
(ग) समपरासरी (घ) नॉर्मल

उत्तर के लिए कृपया पृष्ठ सं. 160 देखें।

693. 1M NaOH के 10 मिली. को उदासीन करने के लिए 1M $H_2SO_4$ के कितने मिली. की आवश्यकता होगी?

(क) 20 मिली. (ख) 2.5 मिली.

(ग) 5 मिली. (घ) 10 मिली.

694. निम्नलिखित में से कौन राउल्ट नियम से धनात्मक विचलन नहीं दरशाता है?

(क) बेंजीन-क्लोरोफार्म

(ख) बेंजीन-ऐसीटोन

(ग) बेंजीन-एथेनॉल

(घ) बेंजीन-कार्बन टेट्राक्लोराइड

695. $H_2SO_4$ का घोल जिसमें 9.8 ग्राम $H_2SO_4$ उपस्थित है, 2 लीटर जल में घुला है उसकी मोलरता है?

(क) 0.1 M (ख) 0.05 M

(ग) 0.01 M (घ) 0.2 M

696. 100 घन सेमी 0.1N HCl विलयन को 100 घन सेमी. 0.2N NaOH के साथ मिलाते हैं, तो प्राप्त विलयन होगा?

(क) 0.1N तथा क्षारीय (ख) 0.05N तथा क्षारीय

(ग) 0.1N तथा अम्लीय (घ) 0.05N तथा अम्लीय

697. साधारण नमक (Common Salt) को जल में घोलने पर?

(क) जल का क्वथनांक घट जाता है

(ख) जल का क्वथनांक बढ़ जाता है

(ग) जल के क्वथनांक में परिवर्तन नहीं होता

(घ) कुछ नहीं कहा जा सकता

698. जब रक्त कोशिकाएँ कोशिका रस से अधिक परासरण दाबवाले विलयन में रखी जाती हैं, तो

(क) वे सिकुड़ जाती हैं

(ख) वे फूल जाती हैं

(ग) कोई प्रभाव नहीं होता

(घ) पहले सिकुड़ती तथा बाद में फूलती हैं

उत्तर के लिए कृपया पृष्ठ सं. 160 देखें।

699. निम्न में से किस विलयन का हिमांक 1 वायुमंडल दाब पर अधिकतम होगा ?
(क) 0.1M NaCl (ख) 0.1M $BaCl_2$
(ग) 0.1 M सुक्रोज (घ) 0.1M $FeCl_3$

700. निम्नलिखित के 0.1M विलयन में किसका हिमांक सबसे कम होगा ?
(क) $K_2SO_4$ (ख) NaCl
(ग) यूरिया (घ) ग्लूकोज

701. वाष्प-दाब में आपेक्षिक अवनमन का व्यंजक है ?
(क) $\frac{P^\circ_A - P_A}{P^\circ A}$ (ख) $\frac{P^\circ_A - P_A}{P^\circ_A}$
(ग) $\frac{P_A - P^\circ_A}{P^\circ_A}$ (घ) $\frac{P_A - P^\circ_A}{P_A}$

702. 1000 ग्राम विलायक में विलेय के मोलों की संख्या कहलाती है ?
(क) मोलरता (ख) मोललता
(ग) नार्मलता (घ) मोल प्रभाज

703. जल के लिए Kf का मान 1.86 है। किसी अवाष्पशील विलेय के 0.1m विलयन के लिए $\triangle$Tf होगा ?
(क) 18.6 (ख) 0.186
(ग) 1.86 (घ) 0.0186

704. $(COOH)_2.2H_2O$ का 500 मिली. में 0.1 मोलर विलयन बनाने के लिए कितने ग्राम लगेंगे ?
(क) 12.6 ग्राम (ख) 6.3 ग्राम
(ग) 4.5 ग्राम (घ) 9.0 ग्राम

705. निम्नांकित में सभी आदर्श विलयन बनाते हैं, केवल एक नहीं ?
(क) $C_2H_5Br$ व $C_2H_5Cl$ (ख) $C_6H_5Cl$ व $C_6H_5Br$
(ग) $C_6H_6$ व $C_6H_5CH_3$ (घ) $C_2H_5I$ व $C_2H_5OH$

706. राउल्ट के नियमानुसार एक अवाष्पशील विलेय के विलयन के लिए सापेक्ष वाष्प-दाब अवनमन बराबर है ?
(क) विलायक के मोल प्रभाज के
(ख) विलेय के मोल प्रभाज के
(ग) विलायक के द्रव्यमान प्रतिशत के
(घ) विलेय के द्रव्यमान प्रतिशत के

उत्तर के लिए कृपया पृष्ठ सं. 160 देखें।

707. परासरण दाब (P), आयतन (V) व ताप (T) के लिए निम्नलिखित में से कौन सा कथन **असत्य** है?
(क) $P \propto \frac{I}{V}$, यदि T स्थिर है
(ख) $P \propto T$, यदि V स्थिर है
(ग) $P \propto V$, यदि T स्थिर है
(घ) PV, स्थिर है यदि T स्थिर है

708. निम्नलिखित में से किस विलयन का क्वथनांक 1 वायुमंडल दाब पर अधिकतम होगा?
(क) 0.1M ग्लूकोज (ख) 0.1M $BaCl_2$
(ग) 0.1M NaCl (घ) 0.1M यूरिया

709. अर्द्धपारगम्य झिल्ली (Semipermeable Membrane) रासायनिक रूप से होती है?
(क) कॉपर फेरोसायनाइड (ख) कॉपर फेरीसायनाइड
(ग) कॉपर सल्फेट (घ) पोटैशियम फेरोसायनाइड

710. निम्नलिखित में से कौन सा अणुसंख्य गुणधर्म है?
(क) पृष्ठ तनाव (ख) श्यानता
(ग) परासरण दाब (घ) प्रकाशीय घूर्णन

711. निम्न में से किसका परासरण दाब अधिकतम होगा?
(क) 1M NaCl (ख) 1M $MgCl_2$
(ग) 1M $(NH_4)_3 PO_4$ (घ) 1M $Na_2SO_4$

712. द्रव मिश्रण, जो बिना संघटन परिवर्तन किए हुए उबलता है, उसे कहते हैं?
(क) स्थायी संरचनावाला संकर (ख) द्वितीयक द्रव मिश्रण
(ग) जियोट्रापिक द्रव मिश्रण (घ) एजियोट्रापिक द्रव मिश्रण

713. 1 प्रतिशत लेड नाइट्रेट के जलीय विलयन का हिमांक होगा?
(क) $O^{\circ}C$ से नीचे (ख) $O^{\circ}C$
(ग) $1^{\circ}C$ (घ) $2^{\circ}C$

714. एक विद्युत्-अपघट्य का प्रायोगिक अणुभार सदैव ही इसके परिकलित मान से कम होगा, क्योंकि वांट हॉफ गुणांक 'i' का मान होगा?
(क) 1 से कम (ख) 1 से अधिक
(ग) 1 के तुल्य (घ) शून्य

उत्तर के लिए कृपया पृष्ठ सं. 161 देखें।

715. बेंजीन और टॉलुईन का एक मिश्रण बनाता है ?
(क) एक आदर्श विलयन (ख) अनादर्श विलयन
(ग) निलंबन (घ) पायस

716. बेंजीन में घुला हुआ ऐसीटिक अम्ल की अणु संहति होगी ?
(क) 30 (ख) 60
(ग) 120 (घ) 240

717. फेरस अमोनियम सल्फेट (अणुभार 392) का 100 मिली. में 0.1N विलयन बनाने के लिए कितने ग्राम लवण लगेंगे ?
(क) 39.2 ग्राम (ख) 19.6 ग्राम
(ग) 1.96 ग्राम (घ) 3.92 ग्राम

718. निम्नलिखित द्रव युग्मों में से कौन सा राउल्ट नियम से धनात्मक विचलन प्रदर्शित करता है ?
(क) ऐसीटोन–क्लोरोफार्म (ख) बेंजीन–मेथेनॉल
(ग) जल–हाइड्रोक्लोरिक अम्ल (घ) जल–नाइट्रिक अम्ल

719. निम्नलिखित में से किस विलयन का परासरण दाब सर्वाधिक होगा ?
(क) 0.1M सुक्रोज विलयन (ख) 0.1M NaCl विलयन
(ग) 0.1M $BaCl_2$ विलयन (घ) 0.1M यूरिया विलयन

720. 'मोलल विलयन' में विलेय पदार्थ का 1 मोल घुला रहता है ?
(क) 1000 ग्राम विलायक में (ख) 1 लीटर विलयन में
(ग) 1 लीटर विलायक में (घ) 22.4 लीटर विलयन में

721. किसी विलयन का वाष्प दाब ?
(क) विलायक के अंश मोल का समानुपाती होता है
(ख) विलायक के अंश मोल का व्युत्क्रमानुपाती होता है
(ग) विलेय के अंश मोल का समानुपाती होता है
(घ) इनमें से कोई नहीं

722. अर्द्धपारगम्य झिल्ली से पार हो सकते हैं ?
(क) केवल विलेय के अणु
(ख) केवल विलायक के अणु
(ग) विलेय व विलायक दोनों के अणु
(घ) इनमें से कोई नहीं

उत्तर के लिए कृपया पृष्ठ सं. 161 देखें।

723. प्रेशर कुकर खाना पकाने का समय घटाता है, क्योंकि उसमें
(क) ताप का वितरण अधिक समानता से होता है
(ख) उच्च दाब भोजन को नर्म कर देता है
(ग) के भीतर जल का क्वथनांक बढ़ जाता है
(घ) तेज ज्वाला प्रयुक्त करते हैं

724. ऊँचे स्थानों पर जल का क्वथनांक घट जाता है, क्योंकि
(क) वायुमंडलीय दाब कम हो जाता है
(ख) ताप कम होता है
(ग) वायुमंडलीय दाब उच्च होता है
(घ) इनमें से कोई नहीं

725. 180 ग्राम जल के कितने मोल होंगे ?
(क) 1 मोल (ख) 18 मोल
(ग) 10 मोल (घ) 100 मोल

726. ग्लूकोज के एक जलीय विलयन की सांद्रता 10 प्रतिशत है। वह आयतन जिसमें इसका 1 ग्राम मोल घुला है, होगा ?
(क) 18 लीटर (ख) 9 लीटर
(ग) 0.9 लीटर (घ) 1.8 लीटर

727. 500 ग्राम के एक टूथपेस्ट नमूने में फ्लोराइड की सांद्रता 0.2 ग्राम है। ppm स्तर पर इस फ्लोराइड की सांद्रता क्या होगी ?
(क) 250 (ख) 200
(ग) 400 (घ) 1000

728. विलयन का अणुसंख्यक गुण निम्न में से किस पर निर्भर करता है ?
(क) इसमें उपस्थित विलेय के कणों की प्रकृति पर
(ख) प्रयुक्त विलायक की प्रकृति पर
(ग) इसमें उपस्थित विलेय के कणों की संख्या पर
(घ) केवल विलायक के मोलों की संख्या पर

729. कौन सा अकार्बनिक अवक्षेप अर्द्धपारगम्य झिल्ली जैसा व्यवहार करता है ?
(क) कैल्सियम सल्फेट (ख) बेरियम ऑक्सेलेट
(ग) निकिल फॉस्फेट (घ) कॉपर फेरोसायनाइड

उत्तर के लिए कृपया पृष्ठ सं. 161 देखें।

730. विलयन के परासरण दाब का शीघ्र तथा सही मापन किया जा सकता है ?

(क) बर्कले एवं हार्टले विधि से (ख) मोर्स विधि से

(ग) फेफर विधि से (घ) डी वेरीज़ विधि से

731. द्रव युग्म बेंजीन-टॉलुईन प्रदर्शित करते हैं ?

(क) राउल्ट नियम से अनियमित विचलन

(ख) राउल्ट नियम से ऋणात्मक विचलन

(ग) राउल्ट नियम से धनात्मक विचलन

(घ) व्यावहारिक रूप में राउल्ट नियम से कोई विचलन नहीं

732. किसी द्विक्षारीय अम्ल (आण्विक द्रव्यमान 200) द्वारा डेसीनॉर्मल सांद्रता प्रदान करने के लिए इसके 100 मिली. जलीय विलयन में द्विक्षारीय अम्ल के कितने ग्राम उपस्थित होने चाहिए ?

(क) 1 ग्राम (ख) 2 ग्राम

(ग) 10 ग्राम (घ) 20 ग्राम

733. 13.5 ग्राम में $SO_2Cl_2$ के मोलों की संख्या कितनी है ?

(क) 0.1 (ख) 0.2

(ग) 0.3 (घ) 0.4

734. 21 प्रतिशत (आयतन के अनुसार) ऑक्सीजन—धारक वायु के 1 लीटर में मानक स्थिति में ऑक्सीजन के कितने मोल होंगे ?

(क) 0.186 (ख) 0.21 मोल

(ग) 2.10 मोल (घ) 0.093 मोल

735. यदि विलयन का क्वथनांक $T_1$ तथा विलायक का क्वथनांक $T_2$ हो तो क्वथनांक में उन्नयन होगा ?

(क) $T_1+T_2$ (ख) $T_1-T_2$

(ग) $T_2-T_1$ (घ) $T_1 T_2$

736. निम्नलिखित में से कौन अणुसंख्यक गुण है ?

(क) मुक्त ऊर्जा में परिवर्तन

(ख) दाब में परिवर्तन

(ग) वाष्पन की ऊष्मा

(घ) परासरण दाब

उत्तर के लिए कृपया पृष्ठ सं. 161 देखें।

737. एक विलयन की ग्राम मोललता है ?

(क) प्रति 1000 मिली. विलायक में विलेय के अणुओं की संख्या

(ख) प्रति 1000 ग्राम विलायक में विलेय के अणुओं की संख्या

(ग) प्रति 1000 मिली. विलयन में विलेय के अणुओं की संख्या

(घ) प्रति 1000 मिली. विलायक में विलेय के ग्राम तुल्यांकों की संख्या

738. एक आदर्श विलयन वह है जो

(क) राउल्ट नियम से सकारात्मक विचलन प्रदर्शित करता है

(ख) राउल्ट नियम से नकारात्मक विचलन प्रदर्शित करता है

(ग) राउल्ट नियम से कोई संबंध नहीं रखता

(घ) राउल्ट के नियम का पालन करता है

739. निम्नलिखित में से कौन अपने जलीय विलयन में अधिकतम हिमांक अवनमन उत्पादित करेगा ?

(क) 0.1M ग्लूकोज (ख) 0.1M NaCl

(ग) 0.1M बेरियम क्लोराइड (घ) 0.1M मैग्नीशियम सल्फेट

740. समान मोलरता वाले $BaCl_2$, NaCl तथा ग्लूकोज विलयनों के परासरण दाब का क्रम क्या होगा ?

(क) $Bacl_2$ > Nacl > ग्लूकोज

(ख) NaCl > $BaCl_2$ > ग्लूकोज

(ग) ग्लूकोज > $BaCl_2$ > NaCl

(घ) ग्लूकोज > NaCl > $BaCl_2$

741. जल का मोलल अवनमन स्थिरांक 1.86°C है। एक विद्युत्-अनअपघट्य के 0.05 मोलल जलीय विलयन का हिमांक होगा ?

(क) —1.86°C (ख) —0.93°C

(ग) —0.093°C (घ) 0.93°C

742. जल का हिमांक O°C है। NaCl का एक मोलल जलीय विलयन किस ताप पर जमेगा, यदि यह मान लिया जाए कि पूर्णतया वियोजित है (जल का मोलल अवनमन स्थिरांक = 1.86°C)—

(क) –3.72°C (ख) –1.86°C

(ग) O°C (घ) 3.72°C

उत्तर के लिए कृपया पृष्ठ सं. 161 देखें।

743. एक विलयन में किसी विलेय के 20 मोल हैं तथा मोलों की पूर्ण संख्या 80 है। विलेय का मोल प्रभाज क्या होगा?

(क) 2.5 (ख) 0.25

(ग) 1 (घ) 0.75

744. एक जलीय घोल—$0.186^\circ C$ पर जमता है ($Kf = 1.86^\circ$, $Kb = 0.512^\circ$)। क्वथनांक में उन्नयन कितना होगा?

(क) $0.186^\circ$ (ख) $0.512^\circ$

(ग) $\frac{0.512}{1.86}$ (घ) $0.0512^\circ$

745. किसी विलयन के 200 मिली. में 5.85 NaCl घुला है। (Na = 23, Cl = 35.5)। विलयन की सांद्रता होगी?

(क) 1 मोलर (ख) 2 मोलर

(ग) 0.5 मोलर (घ) 0.25 मोलर

746. जिस वायु में हम साँस लेते हैं, वह वायु भी मुख्यत: दो गैसों का विलयन है। ये गैसें हैं?

(क) नाइट्रोजन व ऑक्सीजन

(ख) हाइड्रोजन व सल्फर

(ग) सल्फर व नाइट्रोजन

(घ) नाइट्रोजन व कार्बन डाइऑक्साइड

747. निश्चित ताप पर किसी द्रव के पृष्ठ के ऊपर द्रव के साथ साम्यावस्था में उपस्थित वाष्पों द्वारा आरोपित दाब क्या कहलाता है?

(क) मोल प्रभाज (Mole Traction)

(ख) वाष्प दाब (Vapour Pressure)

(ग) पृष्ठ तनाव (Surface Tension)

(घ) इनमें से कोई नहीं

748. रक्त का परासरण दाब कितना होता है?

(क) 4 वायुमंडल (ख) 6 वायुमंडल

(ग) 8 वायुमंडल (घ) 10 वायुमंडल

□

उत्तर के लिए कृपया पृष्ठ सं. 161 देखें।

# 8

# नाभिकीय रसायन

# (NUCLEAR CHEMISTRY)

749. एक रेडियोधर्मी तत्त्व (Radioactive Element) का विघटन नियतांक 3 × $10^{-6}$ मिनट$^{-1}$ हैं। उसकी अर्द्ध-आयु होगी—

(क) 2.31 × $10^{5}$ मिनट (ख) 2.31 × $10^{6}$ मिनट

(ग) 2.31 × $10^{-6}$ मिनट (घ) 2.31 × $10^{-7}$ मिनट

750. $^{231}_{89}$Ac कुछ α तथा β कण उत्सर्जित करके $^{207}_{82}$Pb बनाता है इन α तथा β कणों की संख्या है क्रमशः—

(क) 5, 6 (ख) 6, 5

(ग) 7, 5 (घ) 5, 7

751. ऊपरी वायुमंडल में $^{14}_{6}C$ उत्पन्न होता है। नाभिकीय अभिक्रिया (Nuclear Reaction) होगी—

(क) $^{14}_{7}N + ^{1}_{1}H \rightarrow ^{14}_{6}C + ^{0}_{1}e + ^{1}_{1}H$ के द्वारा

(ख) $^{14}_{7}N \rightarrow ^{14}_{6}C + e\ ^{0}_{-1}e$ के द्वारा

(ग) $^{14}_{7}N + ^{1}_{0}n \rightarrow + ^{14}_{6}C + ^{1}_{1}H$ के द्वारा

(घ) $^{14}_{7}N + ^{3}_{1}H \rightarrow ^{14}_{6}C + ^{4}_{2}He$ के द्वारा

752. स्थायी न्यूक्लाइड्स वे हैं जिनका η/p अनुपात है :

(क) $\eta/p = 1$ (ख) $\eta/p = 2$

(ग) $\eta/p > 1$ (घ) $\eta/p < 1$

उत्तर के लिए कृपया पृष्ठ सं. 161 व 162 देखें।

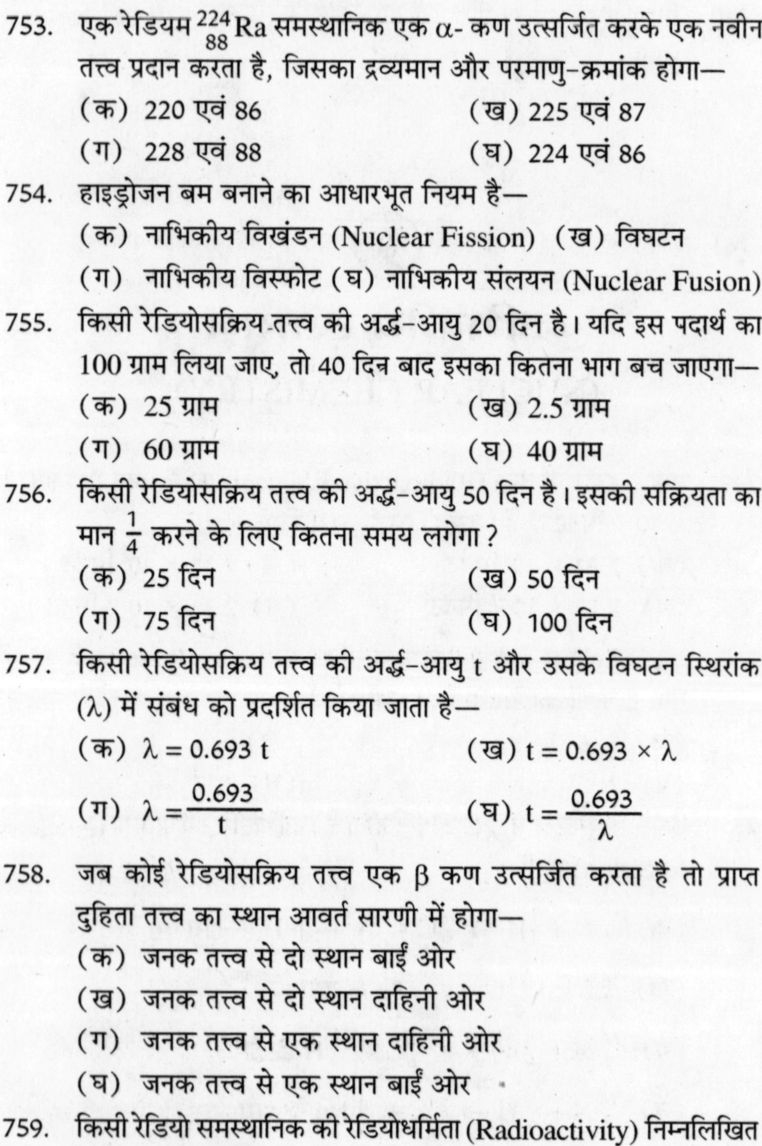

753. एक रेडियम $^{224}_{88}Ra$ समस्थानिक एक $\alpha$- कण उत्सर्जित करके एक नवीन तत्त्व प्रदान करता है, जिसका द्रव्यमान और परमाणु-क्रमांक होगा—

(क) 220 एवं 86 (ख) 225 एवं 87

(ग) 228 एवं 88 (घ) 224 एवं 86

754. हाइड्रोजन बम बनाने का आधारभूत नियम है—

(क) नाभिकीय विखंडन (Nuclear Fission) (ख) विघटन

(ग) नाभिकीय विस्फोट (घ) नाभिकीय संलयन (Nuclear Fusion)

755. किसी रेडियोसक्रिय तत्त्व की अर्द्ध-आयु 20 दिन है। यदि इस पदार्थ का 100 ग्राम लिया जाए, तो 40 दिन्न बाद इसका कितना भाग बच जाएगा—

(क) 25 ग्राम (ख) 2.5 ग्राम

(ग) 60 ग्राम (घ) 40 ग्राम

756. किसी रेडियोसक्रिय तत्त्व की अर्द्ध-आयु 50 दिन है। इसकी सक्रियता का मान $\frac{1}{4}$ करने के लिए कितना समय लगेगा?

(क) 25 दिन (ख) 50 दिन

(ग) 75 दिन (घ) 100 दिन

757. किसी रेडियोसक्रिय तत्त्व की अर्द्ध-आयु t और उसके विघटन स्थिरांक ($\lambda$) में संबंध को प्रदर्शित किया जाता है—

(क) $\lambda = 0.693\ t$ (ख) $t = 0.693 \times \lambda$

(ग) $\lambda = \frac{0.693}{t}$ (घ) $t = \frac{0.693}{\lambda}$

758. जब कोई रेडियोसक्रिय तत्त्व एक $\beta$ कण उत्सर्जित करता है तो प्राप्त दुहिता तत्त्व का स्थान आवर्त सारणी में होगा—

(क) जनक तत्त्व से दो स्थान बाईं ओर

(ख) जनक तत्त्व से दो स्थान दाहिनी ओर

(ग) जनक तत्त्व से एक स्थान दाहिनी ओर

(घ) जनक तत्त्व से एक स्थान बाईं ओर

759. किसी रेडियो समस्थानिक की रेडियोधर्मिता (Radioactivity) निम्नलिखित के साथ बदलती है—

(क) ताप (ख) दाब

(ग) रासायनिक वातावरण (घ) इनमें से कोई नहीं

उत्तर के लिए कृपया पृष्ठ सं. 162 देखें।

760. निम्नलिखित में से कौन सा नाभिकीय ट्रायड समन्यूट्रॉनिक (Isoneutronic) है?

(क) ${}^{14}_{6}C, {}^{15}_{7}N, {}^{17}_{9}F$ (ख) ${}^{12}_{6}C, {}^{14}_{7}N, {}^{19}_{9}F$

(ग) ${}^{12}_{6}C, {}^{14}_{7}N, {}^{17}_{9}F$ (घ) ${}^{14}_{6}C, {}^{14}_{7}N, {}^{19}_{9}F$

761. जनक तत्त्व का समस्थानिक प्राप्त होगा जब वह उत्सर्जित करेगा—

(क) एक $\alpha$-कण (ख) एक $\beta$-कण

(ग) एक $\alpha$ और दो $\beta$-कण (घ) दो $\alpha$ और एक $\beta$-कण

762. निम्न में नाभिकीय संलयन प्रक्रम को पहचानिए—

(क) ${}^{2}_{1}H + {}^{3}_{1}H \rightarrow {}^{4}_{2}He$

(ख) ${}^{30}_{15}P \rightarrow {}^{30}_{14}Si + {}^{0}_{-1}e$

(ग) ${}^{234}_{90}Th \rightarrow {}^{234}_{91}Pa + {}^{0}_{-1}e$

(घ) ${}^{59}_{29}Cu \rightarrow {}^{59}_{28}Ni + {}^{0}_{-1}e$

763. ट्रांसयूरेनिक तत्त्व वे हैं, जो कि—

(क) यूरेनियम से भारी हैं

(ख) यूरेनियम से हलके हैं

(ग) यूरेनियम से कम परमाणु संख्या के हैं

(घ) यूरेनियम के समान परमाणु संख्या के हैं

764. ${}^{238}_{92}U$ से क्रमशः दो $\alpha$ और चार $\beta$-कणों के निकलने पर कौन सा न्यूक्लियस प्राप्त होता है?

(क) ${}^{230}_{90}Th$ (ख) ${}^{230}_{94}Pu$

(ग) ${}^{230}_{88}Ra$ (घ) ${}^{230}_{92}U$

765. निम्नलिखित में से किसके उत्सर्जन से एक तत्त्व दूसरे में नहीं बदलता है?

(क) $\alpha$ (ख) $\beta^-$

(ग) $\beta^+$ (घ) $\gamma$

उत्तर के लिए कृपया पृष्ठ सं. 162 देखें।

766. निम्नलिखित में से कौन सा गुण एक तत्त्व के उदासीन परमाणुओं में अलग-अलग हो सकता है?

(क) परमाणु भार (ख) परमाणु-क्रमांक

(ग) सामान्य रासायनिक अभिक्रिया (घ) इलेक्ट्रॉनों की संख्या

767. $^{226}Ra$ की अर्ध-आयु 1620 वर्ष है। 10 ग्राम रेडियम के 1.25 ग्राम शेष रहने के लिए आवश्यक समय होगा?

(क) 810 वर्ष (ख) 1620 वर्ष

(ग) 3240 वर्ष (घ) 4860 वर्ष

768. यदि रेडियोसक्रिय पदार्थ की मात्रा तीन गुना बढ़ा दी जाए तो इकाई समय में विघटित होनेवाले परमाणुओं की संख्या कितनी हो जाएगी?

(क) दो गुनी हो जाएगी (ख) तीन गुनी हो जाएगी

(ग) एक तिहाई हो जाएगी (घ) अपरिवर्तित रहेगी

769. $\alpha$ कण समान होता है?

(क) हीलियम के नाभिक से

(ख) हाइड्रोजन के नाभिक से

(ग) ऋणात्मक आवेशित कण से

(घ) प्रोटॉन से

770. $_7N^{14}$ का बंबार्डिंग करने पर ($\alpha$-कण के साथ) प्रोटॉन निकल जाने के बाद नाभिकीय अभिक्रिया $_7N^{14} + {}_2He^4 \rightarrow {}_ZX^A + {}_1H^1$ में पद $_ZX^A$ प्रदर्शित करता है?

(क) $_8O^{17}$ (ख) $_9F^{18}$

(ग) $_9F^{17}$ (घ) $_8O^{18}$

771. निम्नलिखित में से किसकी वेधन क्षमता सबसे कम है?

(क) $\beta$ किरणें (ख) $\alpha$ किरणें

(ग) $\gamma$ किरणें (घ) X-किरणें

772. किसी रेडियोसक्रिय तत्त्व के औसत आयुकाल का व्युत्क्रम होता है, इसका

(क) अर्ध-आयुकाल

(ख) विघटन स्थिरांक

उत्तर के लिए कृपया पृष्ठ सं. 162 देखें।

(ग) किसी समय में उपस्थित परमाणुओं की संख्या

(घ) न्यूट्रॉनों की संख्या

773. किसी रेडियोसक्रिय तत्त्व का अर्ध-आयुकाल 100 वर्ष है। इसकी मात्रा के 50 प्रतिशत समाप्त होने में लगा समय होगा?

(क) 50 वर्ष (ख) 200 वर्ष

(ग) 100 वर्ष (घ) 25 वर्ष

774. नाभिकीय संयंत्रों में विमंदक (Moderator) के रूप में प्रयुक्त होता है—

(क) कैडमियम (ख) यूरेनियम-235

(ग) सीसा (घ) भारी जल

775. अंततोगत्वा यूरेनियम निम्नलिखित के स्थायी समस्थानिक में विघटित हो जाता है?

(क) रेडियम (ख) कार्बन

(ग) सीसा (घ) नेप्चूनियम

776. एक समस्थानिक $_{Y}A^{X}$, m अल्फा एवं n बीटा विघटन के पश्चात् स्थायी समस्थानिक $_{Y-10}\beta^{X-32}$ बनाता है। m तथा n के मान हैं क्रमशः—

(क) 6 तथा 8 (ख) 8 तथा 10

(ग) 5 तथा 8 (घ) 8 तथा 6

777. $_{13}Al^{27}$ स्थायी आइसोटोप है। $_{13}Al^{29}$ का विघटन (Disintegration) होगा?

(क) $\alpha$ उत्सर्जन (ख) $\beta$ उत्सर्जन

(ग) पॉजिट्रॉन उत्सर्जन (घ) प्रोटॉन उत्सर्जन

778. समान परमाणु-क्रमांक तथा भिन्न द्रव्यमान संख्याओंवाले परमाणुओं को क्या कहते हैं?

(क) समभारिक (Isobar) (ख) समस्थानिक (Isotope)

(ग) समन्यूट्रॉनिक (घ) समावयवी

779. $^{32}_{16}S + X = ^{30}_{15}P + ^{4}_{2}He$ में 'X' होगा—

(क) $^{1}_{1}H$ (ख) $^{2}_{1}D$

(ग) $^{1}_{0}n$ (घ) e

उत्तर के लिए कृपया पृष्ठ सं. 162 देखें।

780. एक परमाणु की द्रव्यमान संख्या 232 तथा परमाणु क्रमांक 90 है। यह दो बीटा कण उत्सर्जित करने के बाद कितने अल्फा कण उत्सर्जित करे कि नए तत्त्व के परमाणु की द्रव्यमान संख्या 212 व परमाणु-क्रमांक 82 रह जाए?

(क) 4 (ख) 5
(ग) 6 (घ) 3

781. $\beta$-क्षय के दौरान परमाणु नाभिक का द्रव्यमान—

(क) एक इकाई घटता है (ख) एक इकाई बढ़ता है
(ग) दो इकाई घटता है (घ) अप्रभावित रहता है

782. रेडियोसक्रिय आयोडीन कौन से संबंधित रोग के निदान हेतु प्रयुक्त हो रहा है?

(क) हड्डी (ख) वृक्क
(ग) रुधि कैंसर (घ) थायरॉइड

783. $^{14}C$ का अर्ध-आयुकाल लगभग होता है?

(क) 12.3 वर्ष (ख) 5730 वर्ष
(ग) $4.5 \times 10^9$ वर्ष (घ) $2.52 \times 10^5$ वर्ष

784. एक रेडियोसक्रिय समस्थानिक का 1.0 ग्राम 24 घंटे बाद घटकर 125 मिलीग्राम हो गया। समस्थानिक का अर्ध-आयुकाल कितना है?

(क) 8 घंटे (ख) 24 घंटे
(ग) 6 घंटे (घ) 4 घंटे

785. प्रत्येक प्राकृतिक रेडियोधर्मी श्रेणी का अंतिम उत्पाद कौन सा तत्त्व है?

(क) Sn (ख) Bi
(ग) Pb (घ) C

786. $\gamma$- किरणों पर होता है?

(क) धनावेश (ख) ऋणावेश
(ग) निरावेश
(घ) कभी ऋणावेश कभी धनावेश

787. निम्नलिखित में से कौन $\alpha$-क्षय द्वारा नहीं होता है?

(क) ${}^{238}_{92}U \rightarrow {}^{234}_{90}Th$ (ख) ${}^{232}_{90}Th \rightarrow {}^{228}_{88}Ra$
(ग) ${}^{226}_{88}Ra \rightarrow {}^{222}_{86}Rn$ (घ) ${}^{213}_{83}Bi \rightarrow {}^{213}_{84}Po$

उत्तर के लिए कृपया पृष्ठ सं. 162 देखें।

788. नाभिक का कृत्रिम तत्त्वांतरण करने के लिए सबसे उपयुक्त है—
(क) प्रोटॉन (ख) ड्यूट्रॉन
(ग) हीलियम नाभिक (घ) न्यूट्रॉन

789. निम्नांकित नाभिकीय अभिक्रियाओं में 'X' क्या है—
$^{14}_{7}N + ^{1}_{1}H \rightarrow ^{15}_{8}O + X$
(क) $_{0}N^{1}$ (ख) $_{1}e^{0}$
(ग) $_{+1}e^{0}$ (घ) $\gamma$

790. रेडियोसक्रिय विघटन श्रेणी (4n+2) का अंतिम उत्पाद है—
(क) $^{208}_{82}Pb$ (ख) $^{206}_{82}Pb$
(ग) $^{207}_{82}Pb$ (घ) $^{210}_{83}Bi$

791. रेडियोसक्रिय समस्थानिक जो प्राचीन भूगर्भीय निर्माणों की आयु आकलन हेतु प्रयुक्त होता है, वह है—
(क) $O^{8}$ (ख) $Pb^{212}$
(ग) $Fe^{59}$ (घ) $C^{12}$

792. निम्नलिखित में कौन सा एक सही नहीं है—
(क) $^{7}_{3}Li + ^{1}_{1}H \rightarrow ^{7}_{4}Be + _{0}n^{1}$
(ख) $^{45}_{21}Sc + _{0}n^{1} \rightarrow ^{45}_{20}Ca + _{0}n^{1}$
(ग) $^{75}_{33}As + ^{4}_{2}He \rightarrow ^{78}_{35}Br + _{0}n^{1}$
(घ) $^{209}_{83}Bi + ^{2}_{1} \rightarrow ^{210}_{84}Po + _{0}n^{1}$

793. निम्नलिखित में कौन सा संकेत उत्पाद को गलत दिखाता है—
(क) $\alpha$-कण (ख) $\beta$-कण
(ग) $\gamma$-कण (घ) पॉजिट्रॉन

794. रेडियोधर्मी क्षय में निम्नलिखित में से किसकी गति सर्वाधिक है—
(क) $_{86}Gm^{242} (\alpha, 2n)_{97} Bk^{243}$
(ख) $^{10}_{5}B (\alpha, n)_{7} N^{13}$
(ग) $^{14}_{7}N (n, p)_{6} C^{14}$
(घ) $^{28}_{14}Si (d, n)_{15} P^{29}$

उत्तर के लिए कृपया पृष्ठ सं. 162 देखें।

795. किसी परमाण्वीय नाभिक के घटक हैं—
(क) प्रोटॉन एवं इलेक्ट्रॉन
(ख) प्रोटॉन, न्यूट्रॉन एवं इलेक्ट्रॉन
(ग) न्यूट्रॉन एवं प्रोटॉन
(घ) न्यूट्रॉन एवं इलेक्ट्रॉन

796. किसी तत्त्व का परमाणु द्रव्यमान 12.00718 amu है। यदि तत्त्व के परमाणु के नाभिक में 6 न्यूट्रॉन हों, तो नाभिक की बंधन ऊर्जा प्रति न्यूक्लिऑन होगी—
(क) 7.64 Mev (ख) 76.4 Mev
(ग) 764 Mev (घ) 0.764 Mev

797. निम्नलिखित समीकरण में प्रतीक X है—
$$^{23}_{11}Na + ^{1}_{1}H \rightarrow ^{23}_{12}Mg + X$$
(क) एक न्यूट्रॉन (ख) एक ड्यूट्रॉन
(ग) एक पॉजिट्रॉन (घ) एक $\alpha$-कण

798. $^{238}_{92}U$ की अर्ध-आयु $4.5 \times 10^9$ वर्ष है। कितने वर्षों बाद $U^{238}_{92}$ की आधी मात्रा विघटित हो जाएगी—
(क) $9.0 \times 10^{-9}$ वर्ष (ख) $13.5 \times 10^9$ वर्ष
(ग) $4.5 \times 10^9$ वर्ष (घ) $4.5 \times 10^{4.5}$ वर्ष

799. एक रेडियो सक्रिय आइसोटोप का क्षय इस दर से होता है कि 96 मिनट बाद प्रारंभिक पदार्थ का $\frac{1}{8}$ भाग शेष बचता है। न्यूक्लॉइड के लिए $t_{1/2}$ का मान क्या होगा?
(क) 12.0 मिनट (ख) 24.0 मिनट
(ग) 32.0 मिनट (घ) 48.0 मिनट

800. यदि $^{235}_{92}U + n \rightarrow$ विखंडन उत्पाद + न्यूट्रॉन + $3.20 \times 10^{11}J$ हो तो एक ग्राम $^{235}_{92}U$ के विखंडन होने पर मुक्त हुई ऊर्जा कितनी होगी?
(क) $12.75 \times 10^8$ KJ (ख) $18.60 \times 10^9$ KJ
(ग) $6.55 \times 10^6$ KJ (घ) $8.21 \times 10^7$ KJ

801. यदि किसी रेडियोसक्रिय पदार्थ के 8.0 ग्राम का अर्ध आयुकाल 10 घंटे हो तो उसी पदार्थ के 2.0 ग्राम का अर्ध-आयु काल क्या होगा?
(क) 2.5 घंटे (ख) 5.0 घंटे
(ग) 10 घंटे (घ) 40 घंटे

उत्तर के लिए कृपया पृष्ठ सं. 162 देखें।

802. किसी $\alpha$-कण उत्सर्जनवाले न्यूक्लॉइड $_zX^A$ (अर्ध-आयुकाल 10 वर्ष) के एक ग्राम को एक सील किए हुए बंद पात्र में रखा गया है। इस पात्र में $4.52 \times 10^{23}$ हीलियम परमाणु एकत्र होने में लगनेवाला समय होगा?

(क) 4.52 घंटे (ख) 9.40 घंटे

(ग) 10 घंटे (घ) 20 घंटे

803. कार्बन काल निर्धारण का आधार इनमें से क्या है?

(क) $^{15}_{6}C$ (ख) $^{14}_{6}C$

(ग) $^{13}_{6}C$ (घ) $^{11}_{6}C$

804. $^{232}_{90}Th$ का $^{208}_{82}Pb$ में तत्त्वांतरण करने के लिए उत्सर्जित होनेवाले $\alpha$ तथा $\beta$ कणों की संख्या है क्रमशः—

(क) 4, 6 (ख) 5, 5

(ग) 6, 4 (घ) 7, 3

805. निम्नलिखित में किसका प्रयोग $^{14}_{7}N$ को $^{16}_{8}O$ में परिवर्तित करने के लिए किया जा सकता है?

(क) ड्यूट्रॉन (ख) प्रोटॉन

(ग) अल्फा कण (घ) न्यूट्रॉन

806. हाइड्रोजन बम किस पर आधारित है?

(क) नाभिकीय विखंडन के सिद्धांत पर

(ख) नाभिकीय संलयन के सिद्धांत पर

(ग) नाभिकीय विस्फोट के सिद्धांत पर

(घ) उपर्युक्त में से कोई नहीं

807. $\alpha$ कण की प्रवेशी शक्ति है?

(क) $\gamma$ किरणों से अधिक

(ख) $\beta$ किरणों से अधिक

(ग) $\beta$ किरणों से कम

(घ) $\alpha$-किरणों से अधिक

808. एक जनक नाभिक 'X' में न्यूट्रॉनों की संख्या क्या होगी यदि वह दो क्रमागत $\beta$ उत्सर्जनों के बाद $^{14}_{7}N$ देता है?

(क) 7 (ख) 9

(ग) 14 (घ) 12

उत्तर के लिए कृपया पृष्ठ सं. 163 देखें।

809. ऊर्जा के रूप में 1 परमाणु भार इकाई (amu) है?
(क) 1000 J (ख) $1.492 \times 10^{13}$ erg
(ग) 931.5 Mev (घ) $10^{7}$ erg

810. रेडियोएक्टिव रूपांतरण $R \xrightarrow{-\alpha} X \xrightarrow{-\beta} Y \xrightarrow{-\beta} Z$ में R और Z के नाभिकों में क्या संबंध है?
(क) समस्थानिक (ख) समभारिक
(ग) सम न्यूट्रॉनी (घ) समावयवी

811. कौन सा कण $^{27}_{13}Al$ से $^{31}_{15}P$ प्राप्त करने में प्रयुक्त होता है?
(क) न्यूट्रॉन (ख) प्रोटॉन
(ग) अल्फा कण (घ) ड्यूट्रॉन

812. किसी रेडियोधर्मी नाभिक की अर्ध-आयु 1000 सेकंड है तो क्षय स्थिरांक होगा?
(क) $6.93 \times 10^{2}\ S^{-1}$ (ख) $6.93 \times 10^{-4}\ S$
(ग) $6.93 \times 10^{-4}\ S^{-1}$ (घ) $6.93 \times 10^{3}\ S$

813. थोरियम श्रेणी में यदि $^{232}_{90}Th$ में से 6 अल्फा कण तथा 4 बीटा कण कुल 10 बार में निकलता है, तो इस श्रेणी में अंतिम समस्थानिक होगा?
(क) $_{82}Pb^{209}$ (ख) $_{83}Pb^{203}$
(ग) $_{82}Pb^{208}$ (घ) $_{82}Pb^{206}$

814. रेडियोऐक्टिव कार्बन डेटिंग की खोज करनेवाले वैज्ञानिक का क्या नाम है?
(क) डब्ल्यू.एफ. लिब्बी (ख) जी.एन. लेविस
(ग) जेविलार्ड गिब्स (घ) डब्ल्यू. नर्न्स्ट

815. निम्नलिखित रेडियोसमस्थानिकों में से कौन-सा रक्त कैंसर के उपचार में प्रयुक्त किया जाता है?
(क) $P^{32}$ (ख) $Co^{60}$
(ग) $I^{131}$ (घ) $Na^{24}$

816. $^{226}Ra$ एक ऐसी दर पर विघटित होता है कि 3160 वर्षों के बाद अपनी प्रारंभिक मात्रा का केवल एक-चौथाई रह जाता है। $^{226}Ra$ की अर्धआयु कितनी होगी?
(क) 790 वर्ष (ख) 3160 वर्ष
(ग) 1580 वर्ष (घ) 6230 वर्ष

उत्तर के लिए कृपया पृष्ठ सं. 163 देखें।

817. $^{232}_{90}Th$ से $Pb^{208}_{82}$ प्राप्त होने में—

(क) 4α तथा 6β कणों का उत्सर्जन होता है

(ख) 6α तथा 4β कणों का उत्सर्जन होता है

(ग) 2α तथा 4β कणों का उत्सर्जन होता है

(घ) 4α तथा 3β कणों का उत्सर्जन होता है

818. $^{27}_{13}Al$ को $^{30}_{15}P$ में बदलने के लिए किस कण का उपयोग किया जाएगा ?

(क) न्यूट्रॉन (ख) अल्फा कण

(ग) प्रोटॉन (घ) ड्यूट्रॉन

819. H का रेडियोधर्मी समस्थानिक क्या है ?

(क) ट्रीटियम (ख) ड्यूटीरियम

(ग) P-हाइड्रोजन (घ) O-हाइड्रोजन

820. एक रेडियोधर्मी पदार्थ का 87.4 प्रतिशत विघटन 3 घंटे में होता है, तो उस पदार्थ का अर्ध-आयु काल क्या होगा ?

(क) 2 घंटा (ख) 3 घंटा

(ग) 90 मिनट (घ) 1 घंटा

□

उत्तर के लिए कृपया पृष्ठ सं. 163 देखें।

9

# संश्लेषित तथा प्राकृतिक बहुलक

## (SYNTHETIC AND NATURAL POLYMERS)

821. ब्यूना-S में ब्यूटाडाइन और स्टाइरीन का अनुपात होता है ?

(क) 1 : 1 (ख) 2 : 1

(ग) 3 : 1 (घ) 1 : 2

822. संश्लेषित रबर ब्यूना-S है :

(क) ब्यूटाडाइन का बहुलक

(ख) स्टाइरीन का बहुलक

(ग) ब्यूटाडाइन और स्टाइरीन का बहुलक

(घ) इनमें से कोई नहीं

823. निम्नलिखित में कौन सा प्राकृतिक बहुलक (Natural Polymer) है ?

(क) स्टार्च (ख) नायलॉन

(ग) टेफ्लॉन (घ) ब्यूना-S रबर

824. ब्यूना-S में अक्षर S का तात्पर्य है ?

(क) सोडियम (ख) सल्फर

(ग) स्टाइरीन (घ) कुछ भी नहीं

825. बेकेलाइट क्या होता है ?

(क) योगात्मक बहुलक (ख) इलेस्टोमर

(ग) कृत्रिम रबर (घ) थर्मोसेटिंग

826. पॉलीथीन किसका योगात्मक बहुलक है ?

(क) एथिलीन का (ख) एथेन का

(ग) मेथेन का (घ) ऐसीटिलीन का

उत्तर के लिए कृपया पृष्ठ सं. 163 देखें।

827. निओप्रिन के एकलक का नाम क्या है ?
(क) क्लोरोप्रीन (ख) आइसोप्रीन
(ग) प्रोपिलीन (घ) क्लोरोक्वीन

828. नायलॉन 6-6 के अवयव एकलक हैं ?
(क) फार्मल्डिहाइड और मेलेमीन
(ख) ऐडिपिक अम्ल और फ्रीनॉल
(ग) ऐडिपिक अम्ल और हेक्सामेथिलीन डाइएमीन
(घ) थैलिक अम्ल और हेक्सामेथिलीन डाइएमीन

829. नायलॉन 6-6 के रेखीय श्रृंखला में कणांतर बल होता है ?
(क) हाइड्रोजन बंध (ख) सहसंयोजी बंध
(ग) आयनिक बंध (घ) उप-सहसंयोजी बंध

830. रबर का वल्कनीकरण किसका उदाहरण है ?
(क) इलेस्टोमर (ख) फाइबर
(ग) थर्मोप्लास्टिक (घ) थर्मोसेटिंग

831. P.T.F.E. के एकलक हैं ?
(क) $F_3C—CF_3$ (ख) $F_2C=CF_2$
(ग) $Cl_2CH—CH_3$ (घ) $FClC=CF_2$

832. P.V.C. एकलक का नाम क्या है ?
(क) एथिलीन (ख) टेट्रा फ्लोरोएथीन
(ग) क्लोरोएथीन (घ) इनमें से कोई नहीं

833. निम्नलिखित में कौन संघनन बहुलक नहीं है ?
(क) ग्लिप्टल (ख) P.A.N.
(ग) डेक्रॉन (घ) टेरिलीन

834. P.M.M.A. बहुलक का व्यापारिक नाम है ?
(क) ल्यूसाइट (ख) प्लेक्सिग्लास
(ग) ऐक्रिइलाइट फेर्सपेक्स (घ) उपर्युक्त सभी

835. ऑरॉन के एकलक का नाम है ?
(क) मेथिल मेथाक्रिइलेट (ख) एथिल एक्रिलेट
(ग) एक्रिलो नाइट्राइल (घ) स्टाइरीन

उत्तर के लिए कृपया पृष्ठ सं. 163 देखें।

836. स्वचालित वाहनों के टायर किसके बनते हैं ?
(क) निओप्रिन (ख) ब्यूना-S
(ग) ब्यूना-N (घ) प्राकृतिक रबर

837. नायलॉन-6 किसके बहुलीकरण से बनता है ?
(क) साइक्लोहेक्सेन (ख) साइक्लेहेक्सानोन
(ग) कैप्रोलैक्ट्म (घ) ऑक्सिम

838. इनमें किनसे न टूटने वाले कप-प्लेट बनाए जाते हैं ?
(क) मेलेमीन फार्मल्डिहाइड रेजिन (ख) बेकेलाइट
(ग) P.V.C. (घ) ग्लिप्टल

839. शृंखला-वृद्धि बहुलक का उदाहरण है ?
(क) नायलॉन-6-6 (ख) बेकेलाइट
(ग) टेरेलीन (घ) टेफ्लॉन

840. बहुलीकरण अभिक्रिया में निम्नलिखित में कौन एकलक के रूप में प्रयुक्त हो सकता है ?
(क) $CH_3CH_2Cl$ (ख) $CH_3CH_2OH$
(ग) $C_6C_6$ (घ) $C_3H_6$

841. वह बहुलीकरण, जिसमें दो या दो से अधिक रासायनिक रूप से भिन्न एकलक भाग लेते हैं, क्या कहलाता है ?
(क) योगात्मक (ख) सहबहुलीकरण
(ग) शृंखला बहुलीकरण (घ) समांगी बहुलीकरण

842. प्राकृतिक रबर मूलतः एक बहुलक है ?
(क) निओप्रिन का (ख) आइसोप्रीन का
(ग) क्लोरोप्रीन का (घ) ब्यूटाडाईन का

843. हेक्सामेथिलीन डाइऐमीन तथा ऐडिपिक अम्ल के संघनन (Condensation) से जो रेशा प्राप्त होता है, वह है ?
(क) डेक्रॉन (ख) नायलॉन 6-6
(ग) रेयॉन (घ) टेफ्लॉन

844. निम्नलिखित में कौन तापदृढ़ प्लास्टिक है ?
(क) P.V.C. (ख) P.V.A.
(ग) बेकेलाइट (घ) पर्सस्पेक्स

उत्तर के लिए कृपया पृष्ठ सं. 163 देखें।

845. ग्लूकोज किसका एकलक है ?

(क) सेलूलोज का (ख) स्टार्च का

(ग) सेलूलोज और स्टार्च का (घ) रबर का

846. बेकेलाइट में फीनॉल के साथ कौन सा यौगिक संयुक्त रहता है ?

(क) HCHO (ख) $CH_3OH$

(ग) HCOOH (घ) $CH_2OH$ | $CH_2OH$

847. बेकेलाइट निम्न में से किसकी क्रिया से प्राप्त होता है ?

(क) फार्मल्डिहाइड की फीनॉल से क्रिया

(ख) पॉलीथीन की फीनॉल से क्रिया

(ग) पॉलीप्रोपिलीन की अम्ल से क्रिया

(घ) यह एक प्राकृतिक पदार्थ है

848. निम्नलिखित में से कौन सा बहुलक नहीं है ?

(क) ICl (ख) टेफ्लॉन

(ग) निओप्रिन (घ) आइसोप्रिन

849. नायलॉन-6-6 के संश्लेषण में निम्न में से किसका उपयोग किया जाता है ?

(क) सल्फर हेक्साफ्लोराइड (ख) ऐडिपिक अम्ल

(ग) सल्फ्यूरस अम्ल (घ) थैलिक अम्ल

850. निम्न में से कौन टेफ्लान बहुलक का एकलक है ?

(क) $CF_2 = CF_2$ (ख) $CF_2 = Cl_2$

(ग) $CF_2 = CH_2$ (घ) $CF_2 = CFCl$

851. प्रोपाइलीन से पॉलीप्रोपाइलीन प्राप्त करने के लिए काम में आनेवाले जिगलर नाटा उत्प्रेरक (Catalyst) के घटक कौन से हैं ?

(क) $Ti\ Cl_3 + Al\ (C_2H_5)_3$ (ख) $Ti\ Cl_4 + Al\ (C_2H_5)_3$

(ग) $Ti\ (C_2H_5)_3 + AlCl_3$ (घ) $Ti\ (C_2H_5)_4 + AlCl_3$

852. नायलॉन की खोज का निम्न में से किससे संबंध है ?

(क) न्यूयॉर्क एवं लंदन (ख) न्यूयॉर्क एवं लोंग्युट

(ग) नाइहोम एवं लंदन (घ) इनमें से कोई नहीं

उत्तर के लिए कृपया पृष्ठ सं. 163 देखें।

853. जिगलर नाटा निम्न में से किसका उत्प्रेरक है ?
(क) त्रिविम विशिष्ट
(ख) अधात्त्विक संकुल
(ग) गैसीय उत्प्रेरक
(घ) सभी बहुलीकरण क्रियाओं में सार्वयौगिक है

854. निम्नलिखित में कौन थर्मोसेटिंग प्लास्टिक है ?
(क) P.V.C. (ख) P.V.A.
(ग) बेकेलाइट (घ) परस्पेक्स

855. रेयॉन क्या है ?
(क) प्राकृतिक सिल्क (ख) कृत्रिम सिल्क
(ग) प्राकृतिक रबर (घ) संश्लेषित प्लास्टिक

856. नायलॉन-6-6 क्या नहीं है ?
(क) थर्मोप्लास्टिक (ख) संघनन बहुलक
(ग) सम बहुलक (घ) पॉलीऐमाइड

857. खाना बनाने के बरतनों में कौन सा पदार्थ 'नॉन स्टिक' के रूप में प्रयुक्त होता है ?
(क) PVC (ख) पॉलीस्टाइरीन
(ग) पॉलीएथिलीन टैरेप्थेलेट (घ) पॉलीटेट्राफ्लोरोएथिलीन

858. इलास्टोमर में अंतराण्विक बल है ?
(क) बिलकुल नहीं (ख) दुर्बल
(ग) प्रबल (घ) अत्यधिक प्रबल

859. निम्न में से कौन बहुलक तंतु का उदाहरण है ?
(क) सिल्क (ख) डेक्रान
(ग) नायलॉन-6-6 (घ) उपर्युक्त सभी

860. सेलूलोज का पूर्ण जल-अपघटन देता है ?
(क) D-फ्रक्टोज (ख) D-राइबोज
(ग) D-ग्लूकोज (घ) L-ग्लूकोज

861. निम्न में से किस बहुलक में नाइट्रोजन मौजूद होती है ?
(क) नाइलॉन (ख) पॉलीथीन
(ग) PVC (घ) टेरिलीन

उत्तर के लिए कृपया पृष्ठ सं. 164 देखें।

862. निम्न में से कौन सा एकक बहुलीकरण पर बहुलक निओप्रिन देता है ?
(क) $CF_2=CF_2$ (ख) $CH_2=CHCl$
(ग) $CCl_2=CCl_2$ (घ) $CH_2=C(Cl)-CH=CH_2$

863. नायलॉन धागे किससे बनाए जाते हैं ?
(क) पॉलीविनाइल बहुलक (ख) पॉलीएस्टर बहुलक
(ग) पॉलीएमाइड बहुलक (घ) पॉलीएथिलीन बहुलक

864. निम्न में से कौन बहुलक नहीं है ?
(क) रेशम (ख) डी.एन.ए.
(ग) डी.डी.टी. (घ) स्टार्च

865. ब्यूना-S है
(क) पालि एक्रिलेट्स (ख) पालि डाइइन्स
(ग) पालि हैलोओलिफीन्स (घ) पालिओलिफिन

866. सेलूलोज क्या है ?
(क) प्रोटीन (ख) वसा
(ग) हार्मोन (घ) पॉलिसैकराइड

867. बहुलक क्या है ?
(क) बृहत अणु (ख) सूक्ष्म अणु
(ग) उप-सूक्ष्म अणु (घ) इनमें से कोई नहीं

868. निम्नलिखित में से कौन सा बहुलक थर्मोप्लास्टिक है ?
(क) नायलॉन (ख) टेरिलीन
(ग) पॉलिथीन (घ) उपर्युक्त सभी

869. प्राकृतिक रबर है, एक—
(क) पॉलिएस्टर (ख) पॉलिऐमाइड
(ग) पॉलिआइसोप्रीन (घ) पॉलिसैकराइड

870. कैप्रोलेक्टम किसका एकलक है ?
(क) ग्लिप्टल (ख) मेलेमीन
(ग) नायलॉन (घ) P.T.F.E.

871. P.M.M.A. बहुलक का व्यापारिक नाम है ?
(क) टेफ्लॉन (ख) प्लेक्सि ग्लास
(ग) बेकेलाइट (घ) स्टाइरीन

उत्तर के लिए कृपया पृष्ठ सं. 164 देखें।

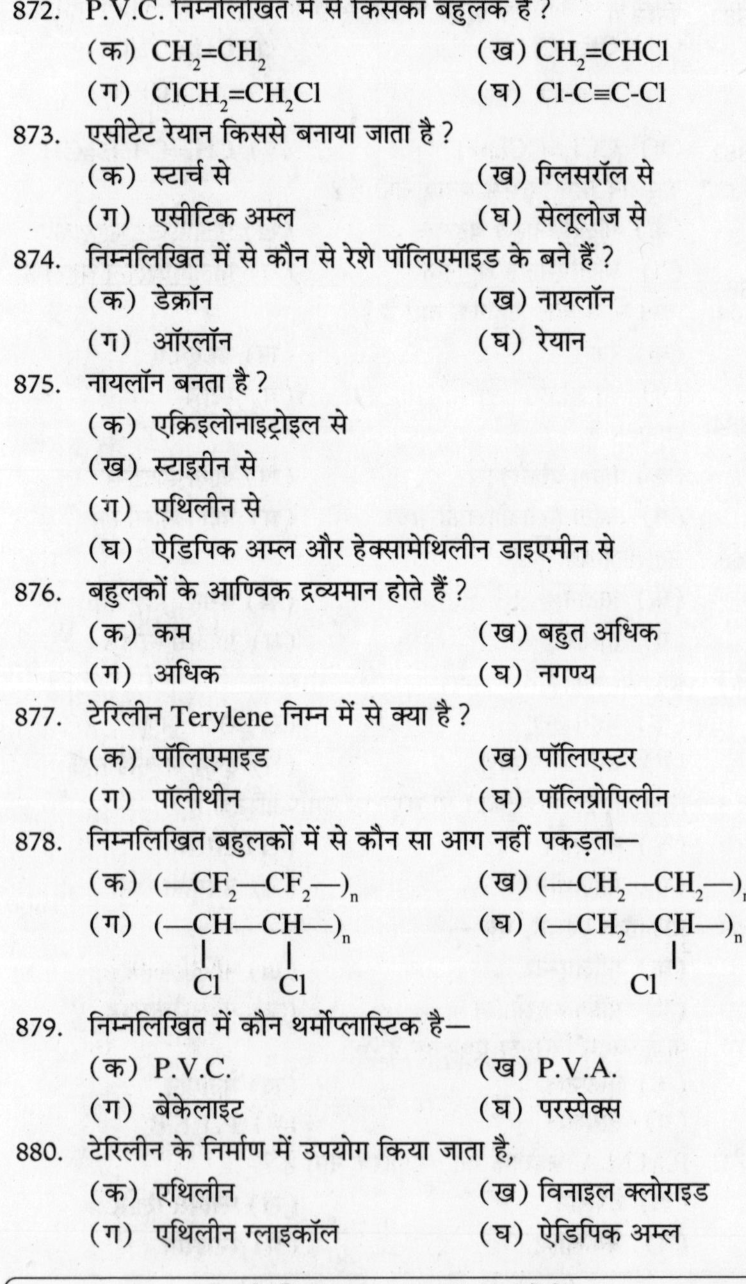

872. P.V.C. निम्नलिखित में से किसका बहुलक है ?

(क) $CH_2{=}CH_2$ (ख) $CH_2{=}CHCl$

(ग) $ClCH_2{=}CH_2Cl$ (घ) $Cl\text{-}C{\equiv}C\text{-}Cl$

873. एसीटेट रेयान किससे बनाया जाता है ?

(क) स्टार्च से (ख) ग्लिसरॉल से

(ग) एसीटिक अम्ल (घ) सेलूलोज से

874. निम्नलिखित में से कौन से रेशे पॉलिएमाइड के बने हैं ?

(क) डेक्रॉन (ख) नायलॉन

(ग) ऑरलॉन (घ) रेयान

875. नायलॉन बनता है ?

(क) एक्रिइलोनाइट्रोइल से

(ख) स्टाइरीन से

(ग) एथिलीन से

(घ) ऐडिपिक अम्ल और हेक्सामेथिलीन डाइएमीन से

876. बहुलकों के आण्विक द्रव्यमान होते हैं ?

(क) कम (ख) बहुत अधिक

(ग) अधिक (घ) नगण्य

877. टेरिलीन Terylene निम्न में से क्या है ?

(क) पॉलिएमाइड (ख) पॉलिएस्टर

(ग) पॉलीथीन (घ) पॉलिप्रोपिलीन

878. निम्नलिखित बहुलकों में से कौन सा आग नहीं पकड़ता—

(क) $(-CF_2-CF_2-)_n$ (ख) $(-CH_2-CH_2-)_n$

(ग) $(-\underset{\displaystyle Cl}{\underset{|}{CH}}-\underset{\displaystyle Cl}{\underset{|}{CH}}-)_n$ (घ) $(-CH_2-\underset{\displaystyle Cl}{\underset{|}{CH}}-)_n$

879. निम्नलिखित में कौन थर्मोप्लास्टिक है—

(क) P.V.C. (ख) P.V.A.

(ग) बेकेलाइट (घ) परस्पेक्स

880. टेरिलीन के निर्माण में उपयोग किया जाता है,

(क) एथिलीन (ख) विनाइल क्लोराइड

(ग) एथिलीन ग्लाइकॉल (घ) ऐडिपिक अम्ल

उत्तर के लिए कृपया पृष्ठ सं. 164 देखें।

881. निम्न में से कौन सा संघनन बहुलक है ?

(क) P.V.A. (ख) P.V.C.

(ग) ऑर्लोन (घ) टेरिलीन

882. क्लोरोप्रिन का उपयोग निम्न में से किसे बनाने में किया जाता है ?

(क) संश्लेषित रबर (ख) प्लास्टिक

(ग) पेट्रोल (घ) उपर्युक्त सभी

883. टेफ्लॉन किसका बहुलक है ?

(क) विनाइल क्लोराइड का (ख) एथिलीन का

(ग) ऐसीटिलीन का (घ) टेट्राफ्लुओरोएथीन का

884. मेथेनल एवं फिनॉल क्षार की उपस्थिति में क्रिया करके प्रदान करते हैं ?

(क) बेकेलाइट (ख) पॉलीएथिलीन

(ग) डेक्रॉन (घ) नायलॉन-6-6

885. आइसोप्रिन इकाइयाँ निम्नलिखित में से किसमें उपस्थित हैं ?

(क) प्राकृतिक रबर (ख) नायलॉन-6-6

(ग) पॉली एथिलीन (घ) डेक्रॉन

886. बहुलकों के बारे में कौन सा कथन सही नहीं है ?

(क) बहुलकों पर आवेश नहीं होता

(ख) बहुलकों की श्यानता उच्च होती है

(ग) बहुलक प्रकाश का प्रकीर्णन करते हैं

(घ) बहुलकों का अणु द्रव्यमान निम्न होता है

887. निर्माण के आधार पर बहुलकों का वर्गीकरण इस प्रकार है ?

(क) योगात्मक बहुलक केवल (Addition Polymer)

(ख) संघनन बहुलक केवल (Condensation Polymer)

(ग) सहबहुलक (Copolymer)

(घ) योगात्मक बहुलक तथा संघनन बहुलक

888. क्लोरोप्रिन का उपयोग निम्नलिखित में से किसके संश्लेषण में होता है ?

(क) निओप्रिन (ख) डेक्रॉन

(ग) नायलॉन-6 (घ) आरलॉन

उत्तर के लिए कृपया पृष्ठ सं. 164 देखें।

889. 'पॉलिमर' शब्द की उत्पत्ति ग्रीक भाषा के दो शब्दों Poly + mer के योग से हुई है। Poly का अर्थ होता है Many या बहुत। तो meros का क्या अर्थ होता है?

(क) Parts या हिस्से (ख) Start या आरंभ

(ग) Chart या नक्शा (घ) इनमें से कोई नहीं

890. संयोजन करने वाले छोटे या सरल अणुओं को एकलक कहते हैं। एकलकों के संयोजन से बने पदार्थ को क्या कहते हैं?

(क) द्विलक (ख) पोलक

(ग) बहुलक (घ) उपर्युक्त सभी

891. एथिलीन अणुओं के बहुलीकरण से बनता है?

(क) ऐथिल ऐल्कोहल (ख) मेथिल ऐल्कोहल

(ग) बेंजीन (घ) पॉलिथीन

892. संश्लेषित बहुलकों के उदाहरण हैं?

(क) प्लास्टिक (ख) रेजिन

(ग) रबर (घ) उपर्युक्त सभी

893. किस वैज्ञानिक ने सन् 1839 में प्राकृतिक रबर को सल्फर के साथ गर्म करके वल्कनित रबर (Vulcanized rubber) बनाया, जो चिपचिपा नहीं था तथा उसकी प्रत्यास्थता (Elasticity) में पर्याप्त वृद्धि हो गई थी?

(क) चार्ल्स डार्विन (ख) चार्ल्स गुडइयर

(ग) रॉबर्ट हुक (घ) इनमें से कोई नहीं

894. इस प्रकार के प्लास्टिक एक बार कठोर हो जाने के बाद पुनः अत्यधिक गरम करने के पश्चात् भी नरम नहीं होते। इनके उदाहरण हैं?

(क) थर्मोप्लास्टिक (ख) थर्मोसेटिंग प्लास्टिक

(ग) नायलॉन (घ) इनमें से कोई नहीं

## महत्त्वपूर्ण बहुविकल्पीय प्रश्नों के संकेत

852. (क) नायलॉन की खोज न्यूयॉर्क तथा लंदन में हुई थी।

853. (क) जिगलर नाटा उत्प्रेरक $TiCl_4$ तथा $(C_2H_5)_3$ Al का मिश्रण है।

854. (ग) बेकेलाइट एक थर्मोसेटिंग प्लास्टिक है, यह गरम करने पर पिघलते नहीं है और पुनः निर्मित हो सकते हैं।

उत्तर के लिए कृपया पृष्ठ सं. 164 देखें।

855. (ख) रेयॉन मनुष्य द्वारा निर्मित तंतु है, जो शुद्ध सेल्युलोज के धागों का बना होता है। रेयॉन सिल्क जैसा दिखता है, इसलिए इसे कृत्रिम रेशम भी कहा जाता है।

856. (ग) नायलॉन-6-6 एक सम-बहुलक है। यह दो अलग-अलग इकाइयों से बना होता है।

857. (घ) टेफ्लॉन रसायनों के प्रति अत्यधिक अक्रिय होता है तथा यह उच्च ऊष्मा प्रतिरोधक होता है। अतः इसका उपयोग नॉनस्टिक बरतन बनाने के लिए किया जाता है।

858. (ख) इलेस्टोमर में बहुलक श्रृंखलाएँ दुर्बल अंतराण्विक बलों द्वारा जुड़ी रहती हैं। यथा—वल्कनीकृत रबर।

□

10

# जैविक प्रक्रियाओं का रसायन

## (CHEMISTRY OF BIOLOGICAL PROCESSES)

895. ग्लूकोज के ऑक्सीकरण से ATP के कितने अणु उत्पन्न होते हैं ?
(क) 18 (ख) 38
(ग) 36 (घ) 30

896. कैटाबोलिज्म (Catabolism) में क्या होता है :
(क) जीवों में जटिल अणुओं का टूटना
(ख) जटिल अणुओं का संश्लेषण
(ग) जटिल अणुओं का संश्लेषण तथा टूटना
(घ) इनमें से कोई नहीं

897. इनमें से कौन सा हॉर्मोन स्टेरॉइड नहीं है ?
(क) ईस्ट्रोजेन (ख) कार्टीसोन
(ग) ऑक्सीटोसिन (घ) टेस्टोस्टेरॉन

898. हाइपरग्लाइसेमिया (Hyperglycemia) में क्या होता है ?
(क) रक्त में शर्करा की उच्च सांद्रता
(ख) रक्त में शर्करा की निम्न सांद्रता
(ग) रक्त में लवणों की उच्च सांद्रता
(घ) रक्त में लवणों की निम्न सांद्रता

899. लार (Saliva) में उपस्थित एंजाइम है ?
(क) पेप्सिन (ख) पेप्टीडेस
(ग) लाइपेस (घ) टाइलिन

900. वह शर्करा व्युत्पन्न, जो मनुष्यों के लिए भोजन नहीं है ?

उत्तर के लिए कृपया पृष्ठ सं. 164 देखें।

(क) सेलूलोज (ख) स्टार्च
(ग) सुक्रोज (घ) ग्लूकोज

901. आमाशय का PH होता है ?
(क) 7.0 (ख) 2.0
(ग) 6.5 (घ) 10.0

902. थाइरॉयड ग्रंथि (Thyroid gland) से स्रवित होनेवाला हार्मोन कौन है ?
(क) थाइरॉक्सिन (ख) ईस्ट्रोजेन
(ग) टेस्टोस्टेरॉन (घ) इंसूलिन

903. श्वसन से अंत में बनते हैं ?
(क) ग्लूकोज + $O_2$ (ख) $CO_2 + O_2$
(ग) $CO_2 + H_2O$ (घ) ग्लूकोज + $CO_2$

904. पीयूष ग्रंथि (Pituitary gland) का कार्य होता है ?
(क) कार्बोहाइड्रेट का पाचन (ख) प्रोटीन का पाचन
(ग) लिपिडों का पाचन (घ) अन्य ग्रंथियों का नियंत्रण

905. रक्त में प्लाज्मा (Plasma) की मात्रा होती है ?
(क) 20 प्रतिशत (ख) 50 प्रतिशत
(ग) 40 प्रतिशत (घ) 80 प्रतिशत

906. हीमोग्लोबिन निम्न में से किस क्रिया में भाग लेता है ?
(क) रक्त संचरण (ख) पाचन
(ग) श्वसन (घ) वृद्धि

907. निम्नलिखित में से किसके पाचन से सबसे अधिक ऊर्जा मुक्त होती है ?
(क) प्रोटीन (ख) एमीनो अम्ल
(ग) कार्बोहाइड्रेट (घ) वसा

908. पेप्सिन एंजाइम जल-अपघटित करता है ?
(क) प्रोटीन को एमीनो अम्ल में
(ख) वसाओं को वसीय अम्ल में
(ग) ग्लूकोज को एथिल ऐल्कोहल में
(घ) बहुसैकराइड को मोनोसैकराइड में

उत्तर के लिए कृपया पृष्ठ सं. 164 व 165 देखें।

909. रक्त में मुख्य बफर है—
(क) $CH_3COONH_4$
(ख) $CH_3COOH/CH_3COONa$
(ग) $H_2CO_3/HCO_3$
(घ) $Na_2HPO_4/NaH_2PO_4$

910. निम्नलिखित में से कौन सा प्रोटीन रक्त प्रवाह में ऑक्सीजन अभिगमन (Transport) करता है ?
(क) मायोग्लोबिन (ख) इंसुलिन
(ग) एल्बुमिन (घ) हीमोग्लोबिन

911. निम्नलिखित में से किसमें कोबाल्ट होता है ?
(क) क्लोरोफिल (ख) हीमोग्लोबिन
(ग) विटामिन-सी (घ) विटामिन-बी$_{12}$

912. किस विटामिन की कमी से आँखों के रोग होते हैं ?
(क) ए (ख) ई
(ग) के (घ) बी

913. आयोडीन की कमी से कौन सा रोग होता है ?
(क) बेरी-बेरी (ख) रतौंधी
(ग) रिकेट्स (घ) ग्वॉयटर

914. बेरी-बेरी रोग (Beri-Beri) किस विटामिन की कमी के कारण होता है ?
(क) विटामिन-ए (ख) विटामिन-सी
(ग) विटामिन-बी$_1$ (घ) विटामिन-डी

915. एंजाइम जो ग्लूकोज के एथेनॉल में रूपांतरण को उत्प्रेरित करता है ?
(क) जाइमेस (ख) इन्वर्टेस
(ग) माल्टेस (घ) डायस्टेस

916. मानव शरीर में कार्बोहाइड्रेट का संचयन कैसे होता है ?
(क) ग्लूकोज के रूप में (ख) ग्लाइकोजेन के रूप में
(ग) स्टार्च के रूप में (घ) फ्रटोज के रूप में

917. शर्करा के ताजे विलयन के प्रकाशकीय घूर्णन के परिवर्तन को कहते हैं ?

उत्तर के लिए कृपया पृष्ठ सं. 165 देखें।

(क) घूर्णन गति (ख) इन्वर्जन
(ग) विशिष्ट घूर्णन (घ) म्यूटारोटेशन

918. बहुधा प्रायोजित डाइसैकराइड अणु का सूत्र है ?
(क) $C_{10}H_{18}O_9$ (ख) $C_{10}H_{20}O_{10}$
(ग) $C_{18}H_{22}O_{11}$ (घ) $C_{12}H_{22}O_{11}$

919. राइबोज के संबंध में निम्न में से कौन सा असत्य कथन है ?
(क) यह पॉलीहाइड्रॉक्सी यौगिक है
(ख) यह ऐल्डिहाइड शर्करा है
(ग) इसमें छह कार्बन परमाणु हैं
(घ) इसमें ध्रुवण घूर्णकता है

920. कार्बोहाइड्रेट यौगिक को बनाने में कितने कार्बन आवश्यक होते हैं ?
(क) 2 कार्बन (ख) 3 कार्बन
(ग) 4 कार्बन (घ) 6 कार्बन

921. हीमोग्लोबिन क्या है ?
(क) एंजाइम (ख) ग्लोबुलर प्रोटीन
(ग) विटामिन (घ) कार्बोहाइड्रेट

922. कौन सा कार्बोहाइड्रेट पौधों की कोशिकाओं का महत्त्वपूर्ण अवयव होता है ?
(क) सेलूलोज (ख) स्टार्च
(ग) इक्षु शर्करा (घ) विटामिन

923. हीमोग्लोबिन में कितनी उप इकाइयाँ उपस्थित होती हैं ?
(क) 2 (ख) 3
(ग) 4 (घ) 5

924. स्टार्च किसका बहुलक है ?
(क) ग्लूकोज (ख) सुक्रोज
(ग) (क) तथा (ख) दोनों का (घ) इनमें से किसी का नहीं

925. मानव रक्त में कौन सी शर्करा अधिकतम विद्यमान है ?
(क) d-फ्रक्टोज (ख) d-ग्लूकोज
(ग) सुक्रोज (घ) लेक्टोज

उत्तर के लिए कृपया पृष्ठ सं. 165 देखें।

926. विटामिन $B_{12}$ में कौन सी धातु होती है ?
(क) Pb (ख) Zn
(ग) Fe (घ) Co

927. निम्न में से कौन सा सेक्स हार्मोन (Sex hormone) नहीं है ?
(क) टेस्टोस्टेरॉन (ख) एस्ट्रोजेन
(ग) एस्ट्रेडॉयोल (घ) कार्टिसोन

928. रक्त में ग्लूकोज का मात्रात्मक निर्धारण के लिए प्रयुक्त करते हैं ?
(क) टॉलेन अभिकर्मक (ख) बेनेडिक्ट विलयन
(ग) क्षारीय आयोडीन विलय (घ) ब्रोमीन जल

929. रिकेट्स (Rickets) नामक हड्डियों का रोग किस विटामिन की कमी से होता है ?
(क) विटामिन-सी (ख) विटामिन-बी
(ग) विटामिन-ए (घ) विटामिन-डी

930. उपापचयी प्रक्रमों (Metabolic processes) में निम्नलिखित में से कौन सर्वाधिक ऊर्जा प्रदान करता है ?
(क) प्रोटीन (ख) विटामिन
(ग) लिपिड (घ) कार्बोहाइड्रेट

931. विटामिन $B_1$ क्या है ?
(क) राइबोफ्लेविन (ख) कोबाल्मीन
(ग) थायमिन (घ) पिरामिडीन

932. विटामिन-सी की कमी से कौन सा रोग होता है ?
(क) स्कर्वी (ख) रिकेट्स
(ग) पायरिया (घ) रक्ताल्पता

933. सभी जीवित कोशिकाओं में अधिकतम प्रभावशाली ऊर्जावाहक है ?
(क) AMP (ख) ATP
(ग) ADP (घ) UDP

934. किस प्रकार के उपापचय में सरल अणुओं से प्रोटीन, पॉलिसैकराइड, न्यूक्लिक अम्ल तथा लिपिड जैसे वृहद अणु बनते हैं ?
(क) ऐनाबोलिज्म (ख) कैटाबोलिज्म
(ग) मेटामॉरफोसिस (घ) इनमें से कोई नहीं

उत्तर के लिए कृपया पृष्ठ सं. 165 देखें।

935. ग्लूकोज अणु का रासायनिक सूत्र क्या है ?

(क) $C_6H_{10}O_6$ (ख) $C_6H_{12}O_6$

(ग) $C_6H_{12}O_5$ (घ) $C_5H_{12}O_6$

936. सुक्रोज का रासायनिक सूत्र क्या है ?

(क) $C_6H_{12}O_6$ (ख) $C_5H_{10}O_5$

(ग) $C_{11}H_{22}O_{11}$ (घ) $C_{12}H_{22}O_{11}$

937. किस प्रकार के उपापचय (Metabolism) में प्रोटीन, कार्बोहाइड्रेट, लिपिड जैसे वृहद अणु एंजाइम उत्प्रेरित अभिक्रियाओं द्वारा सरल तथा छोटे अणुओं में विघटित हो जाते हैं ?

(क) कैटाबोलिज्म (ख) ऐनाबोलिज्म

(ग) बहुलीकरण (घ) उपर्युक्त सभी

938. वे पदार्थ जो पॉलिहाइड्रॉक्सी ऐल्डिहाइड या पॉलिहाइड्रॉक्सी कीटोन हैं अथवा वे पदार्थ जो जल-अपघटित होने पर यौगिक देते हैं, क्या कहलाते हैं ?

(क) प्रोटीन (ख) कार्बोहाइड्रेट

(ग) लिपिड (घ) इनमें से कोई नहीं

939. इनमें सरल कार्बोहाइड्रेट का उदाहरण कौन सा है ?

(क) पॉलिसैकेराइड (ख) डाइसैकेराइड

(ग) मोनोसैकेराइड (घ) इनमें से कोई नहीं

940. इनमें ट्राइसैकेराइड (Trisaccharide) का उदाहरण क्या है ?

(क) स्टैकियोस (ख) स्टार्च

(ग) सेलूलोज (घ) रैफिनोस

941. स्टार्च, सेल्यूलोज, इंसुलिन को किस श्रेणी में रखेंगे ?

(क) ट्राइसैकेराइड्स (ख) टेट्रासैकेराइड्स

(ग) पॉलिसैकेराइड (घ) इनमें से कोई नहीं

942. एक ग्लूकोज अणु के टूटने पर कितने ATP अणु बनते हैं ?

(क) 38 (ख) 36

(ग) 34 (घ) 32

943. वे शर्कराएँ, जो जल-अपघटित करने पर मोनोसैकराइड्स के दो अणु

उत्तर के लिए कृपया पृष्ठ सं. 165 देखें।

बनाती हैं, क्या कहलाती हैं ?

(क) पॉलीसैकराइड (ख) ऑलिगोसैकराइड

(ग) डाइसैकराइड (घ) टेट्रासैकराइड

944. कार्बोहाइड्रेट का पचा हुआ रूप क्या कहलाता है ?

(क) ग्लूकोज (ख) सुक्रोज

(ग) माल्टोज (घ) उपर्युक्त सभी

□

उत्तर के लिए कृपया पृष्ठ सं. 165 देखें।

# क्रियात्मक रसायन

## (CHEMISTRY IN ACTION)

945. पिगमेंट (Pigments) होते हैं ?
   (क) सभी रंगीन पदार्थ
   (ख) तंतुओं के साथ दृढ़ता से चिपकनेवाले घुलनशील रंगीन यौगिक
   (ग) पेस्ट के रूप में लगाए जानेवाले अघुलनशील यौगिक
   (घ) उपर्युक्त सभी

946. निम्न में प्रत्यक्ष रंजक कौन है ?
   (क) कांगो रेड (ख) मैलेकाइट ग्रीन
   (ग) एलिजरीन (घ) ऐन्थ्राक्विनोन

947. दृश्य प्रकाश से पीला रंग अवशोषित करनेवाला पदार्थ कैसा दिखेगा ?
   (क) पीला (ख) नीला
   (ग) लाल (घ) हरा

948. निम्न में ऐजो रंजक कौन है ?
   (क) फिनॉल्फ्थेलिन (ख) मैलेकाइट ग्रीन
   (ग) मेथिल रेड (घ) क्रिस्टल वायलेट

949. ज्वरनाशक के रूप में किसका प्रयोग होता है ?
   (क) सल्फाइडजीन (ख) डेटॉल
   (ग) ऐक्वानिल (घ) ऐस्पिरीन

950. निम्न में कौन एंटिबायोटिक नहीं है ?
   (क) टेरामाइसिन (ख) पेनिसिलीन
   (ग) क्लोरोएंफेनिकॉल (घ) मॉर्फीन

उत्तर के लिए कृपया पृष्ठ सं. 165 देखें।

951. पीड़ा दूर करने वाली औषधि कहलाती है ?
(क) एंटिपायरेटिक (ख) एनाल्जेसिक
(ग) एंटिबायोटिक (घ) एंटिसेप्टिक

952. मलेरिया बुखार की औषधि है ?
(क) एस्पिरीन (ख) पेनिसिलीन
(ग) कुनैन (घ) क्लोरोएंफेनिकॉल

953. निम्नलिखित में से वैट रंजक (Vat dyes) कौन सा है ?
(क) कांगो रेड (ख) एलिजरीन
(ग) मैकेलाइट ग्रीन (घ) नील

954. निम्न में से सामान्य निश्चेतक (General Anaesthetic) कौन है ?
(क) कोकेन (ख) प्रोकेन
(ग) जाइलोकेन (घ) नाइट्रस ऑक्साइड

955. निम्न में से किसका उपयोग रॉकेट-प्रोपेलेंट (Rocket-Propellant) में ईंधन के रूप में नहीं होता ?
(क) द्रव हाइड्रेजीन (ख) द्रव हाइड्रोजन
(ग) मिट्टी का तेल (घ) द्रव ऑक्साइड

956. पेनिसिलीन का आविष्कारक कौन था ?
(क) ग्राहम बेल (ख) अलेक्जेंडर फ्लेमिंग
(ग) पाल एलरिच (घ) लिस्टर

957. निम्नलिखित में कौन सा एंटिबायोटिक है ?
(क) पेनिसिलीन (ख) स्ट्रेप्टोमायसिन
(ग) क्लोरोएंफेनिकॉल (घ) उपर्युक्त सभी

958. 'बाई लिक्विड प्रोपेलेंट' में रहता है ?
(क) एक ठोस रॉकेट ईंधन
(ख) एक द्रव ईंधन और एक ऑक्सीकारक का मिश्रण
(ग) एक द्रव ईंधन, जो स्वयं ऑक्सीकारक का भी कार्य करता है
(घ) द्रव हाइड्रेजीन

959. 'हाइब्रिड रॉकेट प्रोपेलेंट' में प्रयुक्त होता है ?
(क) एक ठोस ईंधन और द्रव ऑक्सीकारक
(ख) एक बाई लिक्विड प्रोपेलेंट
(ग) एक कंपोजिट ठोस प्रोपेलेंट
(घ) एक ठोस, एक द्रव तथा गैस प्रोपेलेंट के रूप में

उत्तर के लिए कृपया पृष्ठ सं. 165 व 166 देखें।

960. निम्न में से क्या प्रदान करने के लिए अंतरिक्ष यानों में हाइड्रोजन–ऑक्सीजन ईंधन सेल प्रयुक्त होते हैं ?

(क) प्रकाश तथा ऊष्मा के लिए शक्ति (ख) दाब के लिए शक्ति

(ग) ऑक्सीजन (घ) जल

961. साइक्लोहेक्सेन हैक्साक्लोराइड का कौन सा समावयवी एक प्रबल कीटनाशक है ?

(क) $\alpha$ (ख) $\beta$

(ग) $\gamma$ (घ) $\delta$

962. किस यौगिक के संश्लेषण के लिए क्लोरल की आवश्यकता होती है ?

(क) गेमेक्सीन (ख) डी.डी.टी.

(ग) एल्ड्रिन (घ) मिक्लरस कीटोन

963. निम्नलिखित में से कौन सा यौगिक ऐस्प्रिन है ?

(क) एसीटिल सैलिसिलिक अम्ल (ख) सैलिसिलिक अम्ल

(ग) एसीटामाइड (घ) सैलिसिल ऐमाइड

964. निम्नांकित में प्राकृतिक रंजक कौन है ?

(क) ऐलिजेरिन (ख) मेथिल आरेंज

(ग) ऐजोरंजक (घ) रोडामीन

965. क्लोरोएंफेनिकाल का उपयोग निम्नलिखित में से किसके उपचार में होता है ?

(क) मोतीझरा (ख) फेफड़े की सूजन

(ग) सिरदर्द एवं ज्वर (घ) खाँसी

966. कोलतार के प्रभाजी आसवन (Destructive distillation) से प्राप्त 'मध्य तेल' में उपस्थित होता है ?

(क) बेंजीन (ख) ऐंथ्रासीन

(ग) नेफ्थेलीन (घ) जाइलीन

967. डी.डी.टी. का पूरा नाम है ?

(क) डाइक्लोरो डाइफेनिल ट्राइक्लोरो एथेन

(ख) डाइहाइड्रो डाइक्लोरो ट्राइक्लोरो मेथेन

(ग) डाइफेनिल डाइमेथिल ट्राइक्लोरो प्रोपेन

(घ) डाइऐमीनो डाइफेनिल टॉलूईन

उत्तर के लिए कृपया पृष्ठ सं. 166 देखें।

968. विकृतीकृत स्पिरिट (Denaturated Spitit) विशेष रूप से किसमें प्रयुक्त होती है ?

(क) औषधि में (ख) ईंधन में
(ग) वार्निश बनाने में (घ) द्रावक तैयार करने में

969. ऐसे यौगिक जो रंगीन एवं विलेय हैं तथा वस्त्र तंतुओं के साथ दृढ़ता से चिपक जाते हैं, साबुन और जल से धोने पर हटते नहीं हैं एवं प्रकाश के प्रभाव में भी स्थिर रहते हैं, कहलाते हैं ?

(क) लिपिड (ख) रंजक
(ग) रिबोफ्लेविन (घ) थाइरॉक्सिन

970. जर्मन वैज्ञानिक ओटो विट ने सन् 1876 में प्रतिपादित किया कि रंजक अणु में 'एक विशिष्ट असंतृप्त समूह होते हैं।' असंतृप्त समूह को क्या कहते हैं ?

(क) क्रोमोसोम (ख) क्रोमोफोर
(ग) राइबोसोम (घ) इनमें से कोई नहीं

971. निम्न में क्षारीय रंजक (Basic dye) का उदाहरण हैं ?

(क) ऑरेंज-I (ख) ऑरेंज-II
(ग) कांगो रेड (घ) मैलेकाइट ग्रीन

972. ऐसे रंजक जो सूती, ऊनी, रेशमी, नायलॉन आदि तंतुओं को जलीय विलयन में सीधे ही रंग देते हैं, कहलाते हैं ?

(क) अम्लीय रंजक (ख) क्षारीय रंजक
(ग) प्रत्यक्ष रंजक (घ) वितरण रंजक

973. ऐसे रंजक, जिनमें फीनोलिक, सल्फोनिक ($-SO_3H$) आदि सोडियम लवण के रूप में रहते हैं तथा जो ऊन, रेशम आदि जांतव तंतु को ही रंगते हैं, सूत को नहीं रँगते, कहलाते हैं ?

(क) अम्लीय रंजक (ख) क्षारीय रंजक
(ग) प्रत्यक्ष रंजक (घ) वितरण रंजक

974. बेनाड्रिल का प्रयोग होता है ?

(क) पीड़ाहरनाशक (Analgesic)
(ख) ज्वरनाशक (Antipyretic)
(ग) निश्चेतक (Anesthetics)
(घ) प्रतिहिस्टैमिन (Antihistamin)

उत्तर के लिए कृपया पृष्ठ सं. 166 देखें।

975. ज्वरनाशक (Antipyretic) का उदाहरण है ?

(क) एस्पिरिन (ख) पैरासिटामोल

(ग) ऐनाल्जिन (घ) उपर्युक्त सभी

976. सबसे पहला एंटिबायोटिक कौन सा था, जिसकी खोज एंलेक्जेंडर फ्लेमिंग ने सन् 1928 में की थी ?

(क) पेनिसिलीन (ख) क्लोरोएंफेनिकाल

(ग) स्ट्रेप्टोमाइसिन (घ) इनमें से कोई नहीं

977. इनमें निश्चेतक (Anaesthetics) के उदाहरण हैं ?

(क) एथिल क्लोराइड (ख) नाइट्रस ऑक्साइड

(ग) पैथेडाइन (घ) उपर्युक्त सभी

978. ऐसे रासायनिक पदार्थ, जो उत्तेजित मानसिकता को कम करके शांति पहुँचाते हैं तथा केंद्रीय तंत्रिका तंत्र के उच्च बिंदुओं पर सीधा प्रभाव डालते हैं, कहलाते हैं ?

(क) निश्चेतक

(ख) प्रशांतक (Tranquilizer)

(ग) सल्फा औषधियाँ

(घ) इनमें से कोई नहीं

979. इनमें सल्फा औषधियों के उदाहरण हैं ?

(क) पेनिसिलीन (ख) सर्पासिल

(ग) इक्वेनिल (घ) इनमें से कोई नहीं

980. शरीर के किसी खास भाग को सुन्न कर देनेवाले रसायन स्थानीय निश्चेतक (Local anaesthetics) कहलाते हैं। इनके उदाहरण हैं ?

(क) एथिल क्लोराइड (ख) साइक्लोप्रोपेन

(ग) नाइट्रस ऑक्साइड (घ) उपरोक्त सभी

981. एंटीबायोटिक के समकक्ष कार्य करनेवाले सल्फाडाइजीन, सल्फा थायजॉल, सल्फा गुआनिडीन आदि उदाहरण हैं ?

(क) निश्चेतक के (ख) प्रशांतक के

(ग) सल्फा औषधियों के (घ) इनमें से कोई नहीं

उत्तर के लिए कृपया पृष्ठ सं. 166 देखें।

982. अत्यधिक तनाव (Hypertension) तथा मानसिक अवसाद (Depression) के लिए एक अच्छा प्रशांतक है ?
(क) सल्फा थायजॉल (ख) ओरिसुल
(ग) पेनिसिलीन (घ) इक्वेनिल

983. खाद्य एवं फल परिरक्षण के लिए उपयुक्त रसायन कौन सा है ?
(क) सल्फास (ख) मैलाथियान
(ग) पोटैशियम मेटाबाइसल्फाइट (घ) साइक्लोप्रोपेन

984. रॉकेट की कार्य प्रणाली न्यूटन के गति के किस नियम पर आधारित है ?
(क) गति के प्रथम नियम (ख) गति के द्वितीय नियम
(ग) गति के तृतीय नियम (घ) उपर्युक्त सभी

985. ऐस्पिरिन (Aspirin) का रासायनिक नाम है ?
(क) ऐसीटिल सैलिसिलिक एसिड (ख) ऐसीटैमिडोफीनॉल
(ग) फिनेसेटिन (घ) क्लोरोजाइनॉल

986. मोनोप्रोपेलेंट वे द्रव प्रोपेलेंट हैं, जिनमें केवल एक रासायनिक यौगिक होता है। इनके उदाहरण हैं ?
(क) हाइड्रेजीन (ख) नाइट्रोमेथेन
(ग) मेथिल नाइट्रेट (घ) उपर्युक्त सभी

987. नाइट्रो रंजक के उदाहरण हैं ?
(क) मेथिल ऑरेंज (ख) ऑरेंज–I
(ग) मैलेकाइट येलो (घ) मैलेकाइट ग्रीन

988. किसी रोग की चिकित्सा के लिए रासायनिक पदार्थों के उपयोग को कहते हैं ?
(क) रेडियोथिरेपी (ख) कीमोथेरेपी
(ग) होमियोपैथी (घ) पोलीपैथी

989. एंटिसेप्टिक रसायनों के उदाहरण हैं ?
(क) डेटॉल (ख) मेथिलीन ब्लू
(ग) जेन्शन वायलेट (घ) उपरोक्त सभी

990. भौतिक अवस्था के आधार पर प्रोपेलेंट कितने प्रकार के होते हैं ?
(क) दो प्रकार के (ख) तीन प्रकार के
(ग) चार प्रकार के (घ) पाँच प्रकार के

उत्तर के लिए कृपया पृष्ठ सं. 166 देखें।

991. सीकोनल (Seconal) एक उदाहरण है?

(क) सल्फा औषधि (ख) प्रशांतक औषधि

(ग) ऐजो रंजक (घ) उपर्युक्त सभी

992. एलेक्जेंडर फ्लेमिंग को पेनिसिलीन के आविष्कार के लिए किस वर्ष नोबेल पुरस्कार से सम्मानित किया गया?

(क) 1945 (ख) 1950

(ग) 1952 (घ) 1954

993. आयोडीन, जिसका उपयोग टिंचर आयोडीन के रूप में करते हैं, एक प्रबल—

(क) प्रशांतक है (ख) एंटिसेप्टिक है

(ग) निश्चेतक है (घ) इनमें से कोई नहीं

994. दो सल्फा औषधियों के नाम हैं—

(क) सल्फा गुआनिडीन एवं ओरिसुल (ख) ओरिसुल एवं प्रोकेन

(ग) इक्वेनिल एवं ल्यूमिनल (घ) उपर्युक्त सभी

995. 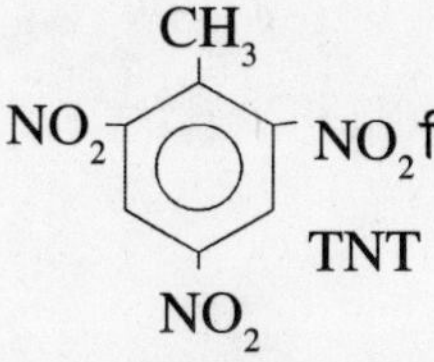 $CH_3$, $NO_2$, $NO_2$, $NO_2$ (TNT) किस तरह से बड़े पैमाने पर प्रयोग में लाया जाता है?

(क) कीटनाशक पदार्थ (ख) औषधि

(ग) विस्फोटक (घ) रंग

996. टाइटन बैलेस्टिक मिसाइल (Titan Ballistic missile) में हाइड्रेजीन ईंधन के रूप में प्रयुक्त होता है। इसमें ऑक्सीकारक के रूप में क्या प्रयुक्त होता है?

(क) $H_2S$ (ख) $H_2SO_4$

(ग) $NH_3$ (घ) $N_2O_4$

997. ऐसे रंजक, जिसके गरम जलीय विलयन में डुबाकर कपड़ों को रँगा जाता है, कहलाता है?

(क) प्रत्यक्ष रंजक (Direct Dye) (ख) अम्लीय रंजक (Acid Dye)

(ग) क्षारीय रंजक (Basic Dye) (घ) ऐजो रंजक (Azo Dye)

उत्तर के लिए कृपया पृष्ठ सं. 166 देखें।

998. पेनिसिलीन (Penicilin) का सामान्य सूत्र क्या है ?

(क) $C_6H_{12}O_6$ (ख) $C_{12}H_{22}O_{11}$

(ग) $C_9H_{11}N_2O_4S–R$ (घ) इनमें से कोई नहीं

999. निम्न में से कौन एंटीबायोटिक नहीं है ?

(क) स्ट्रेप्टोमाइसीन (ख) पेनिसिलीन

(ग) क्लोरंफेनिकाल (घ) ऐनाल्जिम

1000. निम्न में से कौन सल्फा औषधियाँ नहीं हैं

(क) पैरासिटामोल (ख) सल्फा डाइजीन

(ग) सल्फागुआडीन (घ) सल्फा थायजाल

□

उत्तर के लिए कृपया पृष्ठ सं. 166 देखें।

# उत्तरमाला

1. (ग) महर्षि कणाद
2. (घ) नागार्जुन
3. (ख) महर्षि कणाद
4. (ग) महर्षि कणाद
5. (ख) 28 फरवरी
6. (क) मुंबई में
7. (घ) अभी तक इसको जंग नहीं लगा है
8. (क) रस रत्नाकर
9. (ख) लगभग 3000 वर्ष पूर्व से
10. (ग) 1 : 8
11. (घ) 92
12. (क) विलयन
13. (ग) यौगिक
14. (क) मिश्रण
15. (ख) विलायक
16. (ख) सॉल
17. (क) 2
18. (ग) दूध, फेसक्रीम
19. (घ) जैल
20. (ग) पायस
21. (ख) शॉट्की दोष
22. (ग) सह-संयोजक ठोस
23. (ग) विषमलंबाक्ष ज्यामिति
24. (ख) 4
25. (ख) ग्रेफाइट
26. (ख) 4.184 जूल
27. (क) उष्माक्षेपी
28. (ग) घटती है
29. (ग) प्रकाश संश्लेषण से
30. (घ) सक्रियण ऊर्जा
31. (ख) प्रथम कोटि अभिक्रिया
32. (ग) 5760 वर्ष
33. (क) $E = mc^2$
34. (ग) रदरफोर्ड
35. (ग) जल वसा में वितरित रहता है
36. (घ) बादल
37. (ग) $ZnO + Cr_2O_3$
38. (क) कार्ब-धात्त्विक यौगिक
39. (ख) बहुलीकरण में
40. (ग) ईथर
41. (ख) क्लोरोऐसीटिक अम्ल
42. (ख) $CH_3\,CO\,COOH$

43. (घ) मेथिल सैलिसिलेट
44. (ख) $(CH_3)_2$ NH
45. (घ) ट्राइनाइट्रोबेंजीन
46. (क) $CH_3 — N = C = O$
47. (क) चतुष्टफलकिय (Letrahedral)
48. (ख) $CH_4$
49. (ख) पेट्रोलियम ईथर
50. (क) 5 क्लोरीन परमाणु हैं
51. (ग) ग्लिसराल
52. (क) अम्लीय
53. (ग) एथिलीन ग्लाइकॉल
54. (क) फिनॉल
55. (क) फिनॉल
56. (घ) सेल्यूलोज
57. (ग) $CH_3$
58. (ख) तेजी से जलता है
59. (क) ऐल्केन
60. (क) ऐल्केन
61. (क) मीथेन
62. (घ) टेट्राफ्लुओरोएथीन
63. (ख) विषैली फॉस्जीन गैस बनती है
64. (ख) $CCl_4$
65. (क) $CCl_2F_2$
66. (ख) कार्बोनिल क्लोराइड
67. (ग) $CCl_4$
68. (घ) इनमें से कोई नहीं
69. (ख) $C_2H_5OH$
70. (घ) इनमें से कोई नहीं
71. (घ) ट्राइमेथिलऐमीन
72. (ख) $O_2+$
73. (क) तीन $\sigma$ बंध तथा 2 $\pi$ बंध
74. (घ) X- तथा Y- अक्ष से $45^\circ$ के कोण पर
75. (घ) $105^\circ$
76. (ग) एक $\sigma$ आबंध तथा दो $\pi$ आबंध
77. (ग) $He_2$
78. (ख) दिगंशी क्वांटम संख्या
79. (ख) इलेक्ट्रॉन साझेदारी
80. (ख) परमाण्वीय कक्षकों का मिश्रण
81. (ख) सहसंयोजी बंध
82. (ग) 2
83. (ख) समचतुष्फलकीय
84. (घ) क्लोरीन
85. (ख) गोलीय
86. (क) ऊर्जा में कमी
87. (क) $BCl_3$
88. (ग) $CO_2$ में
89. (क) $O_2$
90. (घ) sp संकरण
91. (क) sp
92. (ख) त्रिकोणीय
93. (ख) $Sp^2$
94. (क) $Sp^3d^3$
95. (ग) $sp^3$

96. (क) $N_2$, $O_2^{2+}$
97. (क) $SCl_4$
98. (क) $Sp^3d$
99. (ख) $sp^2$ संकरण
100. (घ) $NH_3$
101. (घ) पाँच $\sigma$ तथा एक $\pi$ बंध
102. (घ) $BF_3$
103. (घ) $H_2O$
104. (ख) $N_2$
105. (ग) $PCl_5$
106. (ग) त्रिभुजीय द्विपिरामिडी ज्यामिति
107. (क) एक झुका हुआ (कोणीय) त्रिपरमाण्विक अणु
108. (ग) $sp^3$ संकरण
109. (क) $O_2$
110. (ग) अष्टफलकीय (Octanedral)
111. (क) $SnCl_2$ के
112. (ग) $sP^3d^3$
113. (ग) वर्ग समतलीय
114. (ख) एकाकी इलेक्ट्रॉन युग्म-एकाकी इलेक्ट्रॉन युग्म के बीच सर्वाधिक प्रतिकर्षण
115. (ख) एकाकी इलेक्ट्रॉन युग्म-एकाकी इलेक्ट्रॉन युग्म
116. (घ) $\frac{1}{2}$ (Nb - Na)
117. (ग) Nb > Na
118. (ग) 3
119. (ख) $\frac{1}{2}$
120. (ख) 2
121. (घ) प्रतिबंधी $\pi$–आण्विक कक्षक में अयुग्मित इलेक्ट्रॉनों का उपस्थित होना
122. (ख) p
123. (ख) $sp$, $sp^2$ एवं $sp^3$
124. (क) $ClF_3$
125. (ख) आर्गन की उत्तेजित अवस्था
126. (ख) 3
127. (क) $N_2^+$ के लिए
128. (क) साइज, आकृति और अभिविन्यास
129. (ख) हुंड के नियम द्वारा
130. (ग) 32
131. (ग) 0
132. (ख) 3
133. (ख) रॉबर्ट मिलिकन
134. (क) कक्षक
135. (ग) 7
136. (क) $1s^3 2s^2 2p^4$
137. (क) डब्ल्यू.के. राण्ट्जन
138. (ग) जे.जे. थॉमसन
139. (क) इलेक्ट्रॉन
140. (ग) ई. गोल्डस्टीन

141. (ग) 1837 गुना ज्यादा
142. (ख) जे. चैडविक
143. (ग) न्यूट्रॉन
144. (घ) बेरेलियम
145. (क) रदरफोर्ड
146. (क) सोना
147. (ख) क्वांटम सिद्धांत
148. (ग) E
149. (घ) 80
150. (ख) 16
151. (क) 10
152. (ख) 200
153. (ग) 16 और 16
154. (घ) 0
155. (क) 6
156. (ख) 3
157. (ग) न्यूट्रॉन
158. (घ) उपर्युक्त सभी
159. (ग) 3
160. (ख) समभारिक (Isobars)
161. (ख) नील्स बोर
162. (घ) 32
163. (ग) 8
164. (क) संयोजी इलेक्ट्रॉन
165. (ख) 5
166. (ग) K, L, M, N
167. (ग) 2
168. (ग) 8 एवं 8
169. (क) K और Ca
170. (घ) 0
171. (क) 1, 2, 3, 4
172. (ग) 6, 7, 8 तथा 9
173. (घ) 0, 0 एवं 0
174. (ग) 32
175. (क) Ag, Au एवं Cu
176. (ग) हाइड्रोजन, नाइट्रोजन, ऑक्सीजन, क्लोरीन गैसें
177. (घ) न्यूलैंड
178. (ग) डोबरीनर
179. (क) आवर्त (Period)
180. (ग) 7
181. (ग) मेंडलीफ
182. (क) Cu, Ag, Au
183. (ग) 8
184. (घ) शून्य वर्ग
185. (ग) 8 – 8
186. (क) 18 – 18
187. (क) मोसले
188. (ग) संक्रमण तत्त्व (Transition Metals)
189. (ख) लैंथेनाइड्स
190. (ख) He, Ne, Ar
191. (ख) मोसले
192. (क) न्यूलैंड
193. (ख) एक्टीनाइड्स
194. (क) पहले आवर्त को
195. (घ) 2
196. (ख) द्वितीय वर्ग के तत्त्व

197. (ख) $1s^2$
198. (ख) $ns^2 np^6$
199. (क) 58—71 तक
200. (ग) 90—103 तक
201. (ग) ट्रांसयूरेनिक तत्त्व
202. (ख) कम होता जाता है
203. (क) विद्युत् ऋणात्मकता
204. (ख) छोटे होते जाएँगे
205. (क) शून्य
206. (ग) ऐंग्स्ट्रॉम यूनिट में
207. (क) वांडर वॉल त्रिज्या
208. (ख) 0. 74 $A^\circ$
209. (क) Na
210. (ग) घटता है
211. (क) परमाणु के आकार में क्रमशः वृद्धि होती है
212. (ग) इलेक्ट्रॉन बंधुता
213. (क) बोर की आवर्त सारणी
214. (ख) 18
215. (क) निकट का संबंध है
216. (ख) निष्क्रिय गैस पर समाप्त होते हैं
217. (घ) उपर्युक्त सभी गुणों से युक्त होते हैं
218. (घ) उपर्युक्त सभी विशेषताएँ हैं
219. (घ) लैंथेनाइड्स तथा ऐक्टीनाइड्स को
220. (घ) उपर्युक्त सभी
221. (घ) उपर्युक्त (क) एवं (ख)
222. (क) प्रारूपी तत्त्व (Typical Elements)
223. (ख) परिरक्षण प्रभाव (Screening Eficet)
224. (क) मान में वृद्धि होती है
225. (ख) स्थायी होते हैं
226. (क) इलेक्ट्रॉन बंधुता का मान कम होता है
227. (घ) उपरोक्त सभी
228. (ग) संयोजकता
229. (क) अम्लीय गुण घटता है
230. (ख) आवर्तिता (Periodicity)
231. (ख) इलेक्ट्रॉन बंधुता (Electron Affinity)
232. (ख) $H_2 SiF_6$
233. (ख) $Xe F_3$
234. (घ) Ba
235. (ग) N
236. (ख) $(CN)_2$
237. (घ) क्लोरीन
238. (क) $N_2$
239. (क) $KNO_3$
240. (घ) $PbCl_2$
241. (घ) $Al^{3+}$
242. (घ) Bi
243. (ग) $PCl_5$
244. (ग) $F_2$
245. (ग) Na $HCO_3$ की अपेक्षा KH $CO_3$ अधिक विलेय है

246. (क) Al
247. (ख) $sp^3$
248. (ग) हाइड्रोजन बंध की (Hydrogen Bond)
249. (क) Rn
250. (क) N में अर्द्धपूरित p कक्ष है
251. (ख) $Ba^{2+}$
252. (घ) Be से
253. (घ) Li का आयन तथा इसके अन्य यौगिक, समूह के अन्य तत्त्वों से अधिक जलयोजित हैं
254. (ग) Be > Mg > Ca > Sr > Ba
255. (क) $NF_5$
256. (ख) S
257. (घ) सर्वाधिक ऑक्सीकारक हैलोजन है—आयोडीन
258. (ख) Si
259. (क) $NH_3$
260. (क) $NH_3$
261. (ख) फॉस्फोरस ऑक्सीकृत एवं अवकृत दोनों हुआ है
262. (ख) फ्लोरीन
263. (ग) नवजात ऑक्सीजन
264. (क) Ar - Br
265. (ग) Xe $O_3$
266. (घ) Xe
267. (ग) Ba
268. (ग) $K^+$ और $[HF_2]^-$
269. (क) $SiI_4$
270. (घ) इसकी परमाणु संख्या का द्योतक है
271. (ख) $ns^1$
272. (घ) He
273. (ख) क्षारीय
274. (ख) Be, Mg, Ca, Sr, Ba
275. (ग) साल्वे विधि द्वारा
276. (घ) $S_8$
277. (ग) लीब्लांक प्रक्रम
278. (घ) $Ca\,SO_4 \cdot \frac{1}{2} H_2O$
279. (घ) जल में अत्यधिक घुलनशील है
280. (घ) $s^2p^5$
281. (ग) $H_2Te$
282. (घ) $H_2S$
283. (घ) निश्चित क्रम प्रदर्शित नहीं करते
284. (क) He
285. (क) N
286. (ग) त्रिक्षारकीय अम्ल
287. (ग) N
288. (ख) $H_2S$
289. (घ) जलयोजन की मात्रा में क्रमशः कमी
290. (ख) Sr
291. (घ) उस पर जल की क्रिया

बहुत सरलता से होती है

292. (क) $N^{3-} > O^{2-} > F^{-} > Na^{+}$
293. (घ) उत्कृष्ट गैसें
294. (ख) $CsCl > KCl > NaCl > LiCl$
295. (ख) $M_2O$
296. (घ) सोडियम
297. (क) प्रतिचुंबकीय
298. (क) Li परमाणु तथा Li आयन का छोटा आकार
299. (घ) बेरिलियम
300. (ख) आयोडीन
301. (ख) फ्लोरीन
302. (ग) टिन
303. (ख) Na की प्रकृति उभयधर्मी है
304. (क) Li
305. (ग) डोलोमाइट
306. (ख) Mg
307. (ग) Ba
308. (क) $NH_3$
309. (क) यूरिया
310. (क) F
311. (ख) निऑन
312. (घ) $CaF_2$
313. (ग) $H_3PO_3$
314. (क) $H_2SO_4$
315. (ख) 7
316. (ग) सभी एक-परमाण्विक गैसें हैं
317. (क) नील बार्टलेट
318. (क) $XeF_2$ और $XeF_6$
319. (ख) बेरीलियम कठोर धातु है, जबकि अन्य धातुएँ कोमल होती हैं
320. (ख) प्रतिनिधि तत्त्व
321. (घ) उपर्युक्त सभी
322. (क) गहरे नीले रंग का
323. (घ) उपर्युक्त सभी गुण के कारण
324. (ख) $Li_2CO_3 \xrightarrow{\Delta} Li_2O + CO_2$
325. (क) $H_2SO_4$
326. (घ) 2
327. (क) 95 प्रतिशत भाग
328. (क) N, P, As, Sb, Bi
329. (घ) $H_3PO_4$
330. (ख) Se
331. (ग) लवण बनानेवाला
332. (क) हैलाइड
333. (घ) 3
334. (क) सिलिकॉन
335. (ख) $ns^2 np^5$
336. (ख) वाष्पशीलता
337. (ख) पृथक्कारी फलन
338. (क) भाप आसवन
339. (ग) निर्वात आसवन द्वारा

340. (क) गलनांक
341. (क) बेंजीन-टॉल्वीन
342. (क) गतिशील प्रावस्था द्रव तथा स्थिर प्रावस्था ठोस होती है
343. (घ) $Fe_4 [Fe(CN)_6]_3$
344. (ग) नाइट्रोजन और सल्फर
345. (क) नाइट्रोजन की पहचान करने के लिए
346. (ग) S, N या हैलोजन तत्त्व सोडियम से अभिक्रिया करके आयनिक यौगिकों में परिवर्तित हो जाते हैं
347. (ख) NaCN और $Na_2S$ अपघटित हो जाते हैं
348. (ख) गंधक
349. (ख) $Fe(SCN)_3$
350. (ग) बैंगनी
351. (ग) $NH_2—NH_2$
352. (क) थायोसायनेट
353. (ख) नाइट्रोजन
354. (ख) उसे AgX में बदलकर
355. (क) $C_4H_{10}O_2$
356. (ग) $SO_2$ में बदलकर
357. (घ) सधूम $HNO_3$ और $AgNO_3$
358. (ग) $C_3H_6$
359. (ख) मेथिल सेलिसिलेट
360. (ग) AgCl
361. (क) $N_2$
362. (ग) $C_2H_6$
363. (ख) 3
364. (ख) 44.8 लीटर
365. (घ) $CH_2O$
366. (क) निर्वात आसवन द्वारा
367. (घ) नाइट्रोजन तथा सल्फर
368. (घ) $CH_3O$
369. (ख) दिए गए कार्बनिक यौगिक में नाइट्रोजन की उपस्थिति ज्ञात करने के लिए
370. (क) $C_2H_4O_2$
371. (ख) एक β हाइड्रक्सी एल्डिहाइड या हाइड्रक्सी कीटोन
372. (घ) बैंगनी
373. (क) अमोनिकृत सिल्वर नाइट्रेट विलयन
374. (ग) $C_3H_7$
375. (क) $C_2H_4$
376. (ग) $CH_4O$
377. (घ) $C_3H_6$
378. (ग) $CH_3$
379. (ग) $109.28^\circ$
380. (ग) 4
381. (ख) 2
382. (क) ब्यूटीन-2
383. (ख) 3
384. (ख) डाइमेथिल ईथर
385. (क) 2--ब्यूटीन

386. (क) $C_2H_2$
387. (ग) 3
388. (घ) 7
389. (ख) ब्यूटेनॉल-2
390. (ख) विनाइल क्लोराइड
391. (क) $C_2H_2$
392. (क) चतुष्फलक
393. (ग) मीथेन
394. (क) ऐसीटिलीन
395. (ग) गैसोलीन
396. (घ) TEL (Tetra Ethyl Lead)
397. (ख) ओलिफिन
398. (घ) संभव नहीं
399. (ख) $C_nH_{2n+2}$
400. (क) $CH_4$
401. (ग) पेट्रोलियम योगशील
402. (क) क्षारीय $KMnO_4$
403. (ख) एथाइन
404. (ग) $CH_3OH$ एवं (घ) $C_2H_5OH$
405. (घ) $C_7H_{16}$
406. (क) योग
407. (ग) एथाइन
408. (ग) अमोनिकल $AgNO_3$
409. (ख) गैसोलीन
410. (घ) उपर्युक्त सभी
411. (क) क्लोरोबेंजीन
412. (घ) $C_6H_6Cl_6$
413. (घ) कीटनाशक के रूप में
414. (ख) क्लोरल
415. (ख) बी.एच.सी.
416. (ख) पराबैंगनी प्रकाश
417. (क) $Cl_2$
418. (ग) फीनॉल
419. (क) एथेनॉल
420. (ग) यीस्ट
421. (क) फॉर्मिल अम्ल
422. (ग) एक्रोलीन
423. (ग) ग्लिसरॉल ट्राइनाइट्रेट
424. (ग) $C_2H_4$
425. (घ) सभी
426. (ग) 95.6
427. (ग) जाइमेज
428. (घ) कोई भी नहीं
429. (ख) लीबरमान अभिक्रिया द्वारा
430. (ख) गुलाबी हो जाता है
431. (क) बैकेलाइट
432. (क) फ्रक्टोज
433. (ख) लाइसिन
434. (घ) $\alpha$ अमीनो ऐसीटिक अम्ल
435. (ख) डाइसैकराइड
436. (घ) पॉलीसैकराइड
437. (ख) आर एन ए
438. (ख) थायमीन
439. (घ) हीमोग्लोबिन
440. (क) $\alpha$-एमीनो अम्ल से
441. (क) ग्लूकोज के दो अणुओं से
442. (घ) साबुन

443. (ख) लैक्टोज
444. (ग) पेप्टाइड बंध
445. (क) ग्लूकोज
446. (क) ग्लूकोज का
447. (क) प्रोटीन
448. (क) 5
449. (घ) प्रोटीन
450. (ख) जलीय KOH
451. (ग) वनस्पति तेल एवं वसा में
452. (ग) ग्लूकोज तथा फ्रक्टोज में से प्रत्येक के एक अणु
453. (ग) बेंजीन डाइएजोनियम क्लोराइड
454. (घ) सैलिसिलिक एसिड
455. (घ) बैंगनी
456. (क) बैकेलाइट
457. (ख) फीनॉल्फ्थैलिन
458. (ख) श्रृंखलन
459. (घ) Sp-$Sp^2$
460. (घ) एथेनल
461. (ग) प्रकाशीय समावयवता (Optical Isomerism)
462. (क) Al
463. (ग) टंगस्टन
464. (ख) सोडियम
465. (घ) Ag $NO_3$ विलयन और ताँबा धातु
466. (घ) एल्युमिनियम (Al)
467. (ग) Hg
468. (ख) बाक्साइट
469. (ग) एल्युमिनियम (Al)
470. (घ) सल्फर ऑक्साइड
471. (ग) सिलिकॉन (Si)
472. (घ) कार्बन (C)
473. (ग) CO
474. (ग) सिलिकॉन (Si)
475. (ग) जिंक टिन से ज्यादा सक्रिय है
476. (घ) टाइटेनियम
477. (ख) ब्रोमीन
478. (क) Cu (70%) + Zn (30%)
479. (क) काँसा
480. (ख) जिंक
481. (क) Cu (60%) + Zn (40%)
482. (ख) कोबाल्ट ऑक्साइड
483. (ख) गन धातु
484. (क) $CO + N_2$
485. (क) Sb + Cu + Sn
486. (घ) जिंक फास्फाइड
487. (घ) आयरन पायराइट (Fe $S_2$)
488. (घ) कार्बन (C)
489. (ग) कैलेमाइन
490. (ख) 78%
491. (घ) Rn
492. (ख) एल्युमिनियम चूर्ण
493. (ग) निकिल
494. (क) लोहे का चूर्ण
495. (घ) आयोडीन

496. (ग) चाँदी
497. (घ) पोलोनियम
498. (ग) सीडियम
499. (घ) ओसमियम
500. (ग) लीथियम
501. (घ) सिल्वर ब्रोमाइड
502. (क) Sn (82%) + Pb (15%) + Sb (3%)
503. (घ) अमलगम
504. (क) आयनिक
505. (ग) पारा
506. (घ) आर्सेनिक
507. (क) इस्पात
508. (ख) $SO_2$
509. (क) Au, Ag, Pt, Hg
510. (ग) पिचब्लैंड
511. (ग) गैंग (Gangue)
512. (ख) Pb
513. (क) क्लोरीन
514. (क) क्षार धातुएँ
515. (ख) मैग्नीशियम
516. (घ) सोडियम
517. (क) सोल्डर
518. (ग) लाल फास्फोरस
519. (क) आयोडीन
520. (ख) सल्फर
521. (ग) हाइड्रोजन बंध के कारण अणु संगुणित है
522. (ग) लाल
523. (घ) KI
524. (घ) $H_2S_2O_7$
525. (क) $NF_5$
526. (क) HI > HBr > HCl > HF
527. (क) F
528. (घ) $F_2$
529. (ख) $F_2$
530. (ख) $Cl_2$
531. (घ) $NO_2^+$
532. (क) HClO
533. (ग) $ns^2 np^5$
534. (ख) नमी
535. (क) HCl
536. (क) सांद्र $H_2SO_4$ द्वारा
537. (ख) क्लोरीन से
538. (ग) F
539. (क) He
540. (ख) He
541. (ख) $XeF_3$
542. (ग) वांडर वाल्स बल
543. (क) उच्च दाब पर यह रक्त में नाइट्रोजन से कम विलेय है
544. (घ) इनमें पूर्णत: युग्मित स्थायी कोश है
545. (घ) Xe के साथ
546. (क) क्लोरीन
547. (ख) अवकारक के रूप में
548. (क) He

549. (घ) हीलियम
550. (क) Na F से फ्लोरीन को
551. (घ) $S_8$
552. (घ) उत्कृष्ट गैसें
553. (क) इलेक्ट्रॉन बंधुता
554. (क) आर्सेनिक
555. (ग) गालक
556. (ग) Sn
557. (क) धातुमल
558. (घ) सल्फाइड
559. (ख) चीड़ का तेल
560. (घ) अपद्रव्यों को पृथक् करना
561. (क) वात्या भट्ठी में
562. (ग) Mg
563. (ख) भर्जन से
564. (ग) हेमेटाइट
565. (क) Fe
566. (ख) NaCl
567. (ग) $N_2$
568. (घ) सिडरोफिल
569. (क) एल्युमिनियम
570. (घ) Cu
571. (घ) सिनेबार
572. (ख) $Fe_2O_3$
573. (घ) क्रायोलाइट
574. (ग) Al
575. (क) एल्युमिनियम
576. (क) सोडियम ऐलुमिनो सिलिकेट
577. (क) ऐनहाइड्राइट
578. (ख) द्विक् लवण
579. (ग) हाइड्रोजन निकलती है
580. (ख) $NaHCO_3$
581. (ख) मिट्टी का तेल
582. (घ) $Ca_3(PO_4)_2$
583. (घ) रंग बंधक के रूप में
584. (घ) सोडियम
585. (ग) $Na_2ZnO_2$
586. (घ) कैल्सियम के सिलिकेट तथा ऐलुमिनेट
587. (ग) सोडियम
588. (ग) मैग्नीशियम, मैंगनीज तथा ताँबा
589. (ग) वैद्युत्-अपघटनी अपचयन
590. (क) $K_2SO_4.Al_2(SO_4)_3.24H_2O$
591. (क) जब तक वह गल न जाए
592. (क) सिलिकामय पदार्थों को हटाने के लिए
593. (ग) गैंग
594. (ख) Au
595. (क) बॉक्साइट
596. (ग) साल्वे विधि द्वारा
597. (क) अयस्क (Ore)
598. (ग) $Na_2CO_3.10H_2O$
599. (घ) Al
600. (क) सोडियम सल्फेट
601. (ग) $CaOCl_2$

602. (ग) यह प्रबल धनविद्युती है
603. (घ) Th
604. (घ) विलायक योजित इलेक्ट्रॉन
605. (ग) सोडियम एमाइड
606. (क) $CaCl_2$
607. (घ) थर्माइट वेल्डिंग में
608. (ख) सोडियम एलुमिनेट
609. (ग) बेयर प्रक्रम
610. (ख) Zn
611. (ग) $Fe_2O_3 + 3CO \rightarrow 2Fe + 3CO_2$
612. (ख) Zn
613. (क) गैलेना
614. (घ) इनमें से कोई नहीं
615. (क) $Pb_3O_4$
616. (ख) $SnCl_4 . 5H_2O$
617. (क) टिन अधिक और लेड कम मात्रा में
618. (ग) ताँबा एवं जस्त की
619. (ख) Zn
620. (ग) $Cu + SO_2$
621. (क) $CH_3 COOH$ में
622. (ख) $H_2 SO_4$ समाप्त हो जाता है
623. (क) जस्ता चढ़ना (Galvonization)
624. (घ) भर्जन
625. (ग) $Pb + O_2 + 2 H_2O \rightarrow 2 Pb(OH)_2$
626. (क) अमोनियम नाइट्रेट
627. (ग) Ni
628. (ग) वान आर्केल
629. (क) ऐल्युमिनियम
630. (ग) सोडियम मेटाऐलुमिनेट
631. (ग) 4/5 भाग
632. (ग) $NO_2$
633. (घ) कोई नहीं
634. (घ) $NO_2$
635. (क) अनुचुंबकीय
636. (ग) $H_2$
637. (घ) $O_2$
638. (ग) F
639. (ग) नीरव विद्युत्-विसर्जन करके
640. (ग) $O_3$ की (Ozone)
641. (घ) ट्रीटियम
642. (क) आयोडिक अम्ल में
643. (घ) $HOCl < HOClO < HOClO_2 < HOClO_3$
644. (ग) Xe
645. (घ) K
646. (ख) 2
647. (ख) Mg
648. (ख) जल के विद्युत्-विघटन से
649. (घ) $Cu(OH)_2$
650. (घ) $N_2O_5$
651. (क) $Ca Cl_2$
652. (घ) $N_2O$
653. (घ) $Cl_2O_7$

654. (क) $Na_2O$
655. (क) $H_2O$ अणु
656. (ख) 3.8°C
657. (ग) $Ca(OH)_2$
658. (ग) $CS_2$
659. (ग) अधिधारण
660. (क) हैलोजन
661. (क) $N_2$
662. (क) $KNO_3$
663. (घ) $HNO_3$
664. (ग) हवा
665. (घ) भारी जल
666. (ग) क्षारीय पायरोगैलाल
667. (ख) नाइट्रस ऑक्साइड
668. (घ) अधात्विक गुण
669. (ख) NO
670. (ग) 105°
671. (घ) 16
672. (घ) उपर्युक्त सभी
673. (ग) $H_2S_2O_7$
674. (क) 24.5
675. (घ) $\frac{0.1}{10.1}$
676. (घ) $\pi = n\,RT/V$
677. (ग) 3.456 वायुमंडल
678. (क) 55.56
679. (ख) 1000 ग्राम विलायक में विलय का एक मोल
680. (ग) 0.2M
681. (क) ऐल्युमिनियम सल्फेट का
682. (घ) सभी
683. (घ) 0.1
684. (ख) ऐसीटोन-बेंजीन
685. (ख) 30 मिली.
686. (ख) 158
687. (क) i = 1
688. (ख) राउल्ट का नियम
689. (क) विलायक के मोलर प्रभाज का अनुक्रमानुपाती होता है
690. (क) एथिल ऐल्कोहल
691. (क) 0.25
692. (ग) समपरासरी
693. (ग) 5 मिली.
694. (क) बेंजीन-क्लोरोफार्म
695. (ख) 0.05 M
696. (ख) 0.05N तथा क्षारीय
697. (ख) जल का क्वथनांक बढ़ जाता है
698. (क) वे सिकुड़ जाती हैं
699. (ग) 0.1 M सुक्रोज
700. (क) $K_2SO_4$
701. (ख) $\frac{P^o_A - P_A}{P^o_A}$
702. (ख) मोललता
703. (ख) 0.186
704. (ख) 6.3 ग्राम
705. (घ) $C_2H_5I$ व $C_2H_5OH$
706. (ख) विलेय के मोल प्रभाज के

707. (ग) $P \propto V$, यदि T स्थिर है
708. (ख) 0.1M $BaCl_2$
709. (क) कॉपर फेरोसायनाइड
710. (ग) परासरण दाब
711. (ग) 1M $(NH_4)_3 PO_4$
712. (घ) एजियोट्रापिक द्रव मिश्रण
713. (क) $O^\circ C$ से नीचे
714. (ख) 1 से अधिक
715. (क) एक आदर्श विलयन
716. (ख) 60
717. (घ) 3.92 ग्राम
718. (ख) बेंजीन-मेथेनॉल
719. (ग) 0.1M $BaCl_2$ विलयन
720. (क) 1000 ग्राम विलायक में
721. (क) विलायक के अंश मोल का समानुपाती होता है
722. (ख) केवल विलायक के अणु
723. (ग) के भीतर जल का क्वथनांक बढ़ जाता है
724. (क) वायुमंडलीय दाब कम हो जाता है
725. (ग) 10 मोल
726. (घ) 1.8 लीटर
727. (ग) 400
728. (ग) इसमें उपस्थित विलेय के कणों की संख्या पर
729. (घ) कॉपर फेरोसायनाइड
730. (क) बर्कले एवं हार्टले विधि से
731. (घ) व्यावहारिक रूप में राउल्ट नियम से कोई विचलन नहीं
732. (क) 1 ग्राम
733. (क) 0.1
734. (घ) 0.093 मोल
735. (ख) $T_1$-$T_2$
736. (घ) परासरण दाब
737. (ख) प्रति 1000 ग्राम विलायक में विलेय के अणुओं की संख्या
738. (घ) राउल्ट के नियम का पालन करता है
739. (ग) 0.1M बेरियम क्लोराइड
740. (क) $Bacl_2$ > Nacl > ग्लूकोज
741. (ग) —$0.093^\circ C$
742. (क) $-3.72^\circ C$
743. (ख) 0.25
744. (घ) $0.0512^\circ$
745. (ग) 0.5 मोलर
746. (क) नाइट्रोजन व ऑक्सीजन
747. (ख) वाष्प दाब (Vapour Pressure)
748. (ग) 8 वायुमंडल
749. (क) $2.31 \times 10^5$ मिनट
750. (ख) 6, 5
751. (ग) ${}^{14}_{7}N + {}^{1}_{0}n \rightarrow + {}^{14}_{6}C + {}^{1}_{1}H$ के द्वारा

752. (क) $\eta/p = 1$
753. (क) 220 एवं 86
754. (घ) नाभिकीय संलयन (Nuclear Fusion)
755. (क) 25 ग्राम
756. (घ) 100 दिन
757. (ग) $\lambda = \frac{0.693}{t}$
758. (ग) जनक तत्त्व से एक स्थान दाहिनी ओर
759. (घ) इनमें से कोई नहीं
760. (क) ${}^{14}_{6}C$, ${}^{15}_{7}N$, ${}^{17}_{9}F$
761. (ग) एक $\alpha$ और दो $\beta$–कण
762. (क) ${}^{2}_{1}H + {}^{3}_{1}H \rightarrow {}^{4}_{2}He$
763. (क) यूरेनियम से भारी हैं
764. (घ) ${}^{230}_{92}U$
765. (घ) $\gamma$
766. (क) परमाणु भार
767. (घ) 4860 वर्ष
768. (घ) अपरिवर्तित रहेगी
769. (क) हीलियम के नाभिक से
770. (क) ${}_{8}O^{17}$
771. (ख) $\alpha$ किरणें
772. (ख) विघटन स्थिरांक
773. (ग) 100 वर्ष
774. (घ) भारी जल
775. (ग) सीसा
776. (घ) 8 तथा 6
777. (ख) $\beta$ उत्सर्जन
778. (ख) समस्थानिक (Isotope)
779. (ख) ${}^{2}_{1}D$
780. (ख) 5
781. (घ) अप्रभावित रहता है
782. (घ) थायरॉइड
783. (ख) 5730 वर्ष
784. (क) 8 घंटे
785. (ग) Pb
786. (ग) निरावेश
787. (घ) ${}^{213}_{83}Bi \rightarrow {}^{213}_{84}Po$
788. (घ) न्यूट्रॉन
789. (घ) $\gamma$
790. (ख) ${}^{206}_{82}Pb$
791. (ख) $Pb^{212}$
792. (ख) ${}^{45}_{21}Sc + {}_{0}n^{1} \rightarrow {}^{45}_{20}Ca + {}_{0}n^{1}$
793. (ग) $\gamma$–कण
794. (ग) ${}^{14}_{7}N(n, p)_{6}C^{14}$
795. (ग) न्यूट्रॉन एवं प्रोटॉन
796. (क) 7.64 Mev
797. (क) एक न्यूट्रॉन
798. (ग) $4.5 \times 10^{9}$ वर्ष
799. (ग) 32.0 मिनट
800. (घ) $8.21 \times 10^{7}$ KJ
801. (ग) 10 घंटे

802. (क) 4.52 घंटे
803. (ख) ${}^{14}_{6}C$
804. (ग) 6, 4
805. (क) ड्यूट्रॉन
806. (ख) नाभिकीय संलयन के सिद्धांत पर
807. (ग) β किरणों से कम
808. (ख) 9
809. (ग) 931.5 Mev
810. (क) समस्थानिक
811. (ग) अल्फा कण
812. (ग) $6.93 \times 10^{-4}$ $S^{-1}$
813. (ग) ${}_{82}Pb^{208}$
814. (क) डब्ल्यू.एफ. लिब्बी
815. (क) $P^{32}$
816. (ग) 1580 वर्ष
817. (ख) 6α तथा 4β कणों का उत्सर्जन होता है
818. (ख) अल्फा कण
819. (क) ट्रीटियम
820. (घ) 1 घंटा
821. (क) 1 : 1
822. (ग) ब्यूटाडाइन और स्टाइरीन का बहुलक
823. (क) स्टार्च
824. (क) सोडियम
825. (घ) थर्मोसेटिंग
826. (क) एथिलीन का
827. (क) क्लोरोप्रीन
828. (ग) ऐडिपिक अम्ल और हेक्सामेथिलीन डाइएमीन
829. (क) हाइड्रोजन बंध
830. (क) इलेस्टोमर
831. (ख) $F_2C=CF_2$
832. (ग) क्लोरोएथीन
833. (ख) P.A.N.
834. (घ) उपर्युक्त सभी
835. (ग) एक्रिलो नाइट्राइल
836. (ख) ब्यूना-S
837. (ग) कैप्रोलैक्ट्म
838. (क) मेलेमीन फार्मल्डिहाइड रेजिन
839. (घ) टेफ्लॉन
840. (घ) $C_3H_6$
841. (ख) सहबहुलीकरण
842. (ख) आइसोप्रीन का
843. (ख) नायलॉन 6-6
844. (ग) बेकेलाइट
845. (ग) सेलूलोज और स्टार्च का
846. (क) HCHO
847. (क) फार्मल्डिहाइड की फीनॉल से क्रिया
848. (क) ICl
849. (ख) ऐडिपिक अम्ल
850. (क) $CF_2 = CF_2$
851. (ख) $Ti\ Cl_4 + Al\ (C_2H_5)_3$
852. (क) न्यूयॉर्क एवं लंदन

853. (क) त्रिविम विशिष्ट
854. (ग) बेकेलाइट
855. (ख) कृत्रिम सिल्क
856. (ग) सम बहुलक
857. (घ) पॉलीटेट्राफ्लोरोएथिलीन
858. (ख) दुर्बल
859. (घ) उपर्युक्त सभी
860. (ग) D-ग्लूकोज
861. (क) नाइलॉन
862. (घ) $CH_2=C(Cl)-CH=CH_2$
863. (ग) पॉलीएमाइड बहुलक
864. (ग) डी.डी.टी.
865. (ख) पालि डाइइन्स
866. (घ) पॉलिसैकराइड
867. (घ) इनमें से कोई नहीं
868. (घ) उपर्युक्त सभी
869. (ग) पॉलिआइसोप्रीन
870. (ग) नायलॉन
871. (ख) प्लेक्सि ग्लास
872. (ख) $CH_2=CHCl$
873. (घ) सेलूलोज से
874. (ख) नायलॉन
875. (घ) ऐडिपिक अम्ल और हेक्सामेथिलीन डाइएमीन से
876. (ख) बहुत अधिक
877. (ख) पॉलिएस्टर
878. (क) $(—CF_2—CF_2—)_n$
879. (क) P.V.C.
880. (ग) एथिलीन ग्लाइकॉल
881. (घ) टेरिलीन
882. (क) संश्लेषित रबर
883. (घ) टेट्राफ्लुओरोएथीन का
884. (क) बेकेलाइट
885. (क) प्राकृतिक रबर
886. (घ) बहुलकों का अणु द्रव्यमान निम्न होता है
887. (घ) योगात्मक बहुलक तथा संघनन बहुलक
888. (क) निओप्रिन
889. (क) Parts या हिस्से
890. (ग) बहुलक
891. (घ) पॉलिथीन
892. (घ) उपर्युक्त सभी
893. (ख) चार्ल्स गुडइयर
894. (ख) थर्मोसेटिंग प्लास्टिक
895. (ख) 38
896. (क) जीवों में जटिल अणुओं का टूटना
897. (ग) ऑक्सीटोसिन
898. (क) रक्त में शर्करा की उच्च सांद्रता
899. (घ) टाइलिन
900. (क) सेलूलोज
901. (ख) 2.0
902. (क) थाइरॉक्सिन
903. (ग) $CO_2 + H_2O$

904. (घ) अन्य ग्रंथियों का नियंत्रण
905. (ग) 40 प्रतिशत
906. (ग) श्वसन
907. (घ) वसा
908. (क) प्रोटीन को एमीनो अम्ल में
909. (ग) $H_2CO_3/HCO_3$
910. (घ) हीमोग्लोबिन
911. (घ) विटामिन-बी$_{12}$
912. (क) ए
913. (घ) ग्वॉयटर
914. (ग) विटामिन-बी$_1$
915. (क) जाइमेस
916. (ख) ग्लाइकोजेन के रूप में
917. (ख) इन्वर्जन
918. (घ) $C_{12}H_{22}O_{11}$
919. (ग) इसमें छह कार्बन परमाणु हैं
920. (ख) 3 कार्बन
921. (ख) ग्लोबुलर प्रोटीन
922. (ख) स्टार्च
923. (ख) 3
924. (क) ग्लूकोज
925. (ख) d-ग्लूकोज
926. (घ) Co
927. (घ) कार्टिसोन
928. (ख) बेनेडिक्ट विलयन
929. (घ) विटामिन-डी
930. (घ) कार्बोहाइड्रेट
931. (ग) थायमिन
932. (क) स्कर्वी
933. (क) AMP
934. (क) ऐनाबोलिज्म
935. (ख) $C_6H_{12}O_6$
936. (घ) $C_{12}H_{22}O_{11}$
937. (क) कैटाबोलिज्म
938. (ख) कार्बोहाइड्रेट
939. (ग) मोनोसैकेराइड
940. (घ) रैफिनोस
941. (ग) पॉलिसैकेराइड
942. (क) 38
943. (ग) $C_6H_{12}O_5$
944. (क) ग्लूकोज
945. (ग) पेस्ट के रूप में लगाए जानेवाले अघुलनशील यौगिक
946. (क) कांगो रेड
947. (क) पीला
948. (ग) मेथिल रेड
949. (घ) ऐस्पिरीन
950. (घ) मॉर्फीन
951. (ख) एनाल्जेसिक
952. (ग) कुनैन
953. (घ) नील
954. (घ) नाइट्रस ऑक्साइड
955. (घ) द्रव ऑक्साइड
956. (ख) अलेक्जेंडर फ्लेमिंग
957. (घ) उपर्युक्त सभी
958. (ख) एक द्रव ईंधन और एक

ऑक्सीकारक का मिश्रण

959. (क) एक ठोस ईंधन और द्रव ऑक्सीकारक

960. (क) प्रकाश तथा ऊष्मा के लिए शक्ति

961. (ख) β

962. (ख) डी.डी.टी.

963. (क) एसीटिल सैलिसिलिक अम्ल

964. (क) ऐलिजेरिन

965. (क) मोतीझरा

966. (ग) नेफ्थेलीन

967. (क) डाइक्लोरो डाइफेनिल ट्राइक्लोरो एथेन

968. (ग) वार्निश बनाने में

969. (ख) रंजक

970. (ख) क्रोमोफोर

971. (घ) मैलेकाइट ग्रीन

972. (घ) वितरण रंजक

973. (ग) प्रत्यक्ष रंजक

974. (घ) प्रतिहिस्टैमिन (Antihistamin)

975. (घ) उपर्युक्त सभी

976. (क) पेनिसिलीन

977. (घ) उपर्युक्त सभी

978. (ख) प्रशांतक (Tranquilizer)

979. (घ) इनमें से कोई नहीं

980. (घ) उपरोक्त सभी

981. (ग) सल्फा औषधियों के

982. (घ) इक्वेनिल

983. (ग) पोटैशियम मेटाबाइसल्फाइट

984. (ग) गति के तृतीय नियम

985. (क) ऐसीटिल सैलिसिलिक एसिड

986. (घ) उपर्युक्त सभी

987. (ग) मैलेकाइट येलो

988. (ख) कीमोथेरेपी

989. (घ) उपरोक्त सभी

990. (ख) तीन प्रकार के

991. (ख) प्रशांतक औषधि

992. (क) 1945

993. (ख) एंटिसेप्टिक है

994. (क) सल्फा गुआनिडीन एवं ओरिसुल

995. (ग) विस्फोटक

996. (घ) $N_2O_4$

997. (क) प्रत्यक्ष रंजक (Direct Dye)

998. (ग) $C_9H_{11}N_2O_4S–R$

999. (घ) ऐनाल्जिम

1000. (क) पैरासिटामोल

□□□